Comment écrire 1500 mots par jour

© Fiedels

AUTEUR : Philippe PICARD

###################################

CADEAU

Vous pouvez le télécharger

###################################

Table des Matières

Autres Titres De l'auteur ---------------------------10
Introduction ---13
Pourquoi Écrire 1 500 Mots par Jour ? -------------16
Comment Surmonter le Blocage de l'Écrivain avec une habitude d'Écriture ? -------------------------------19
La Psychologie de l'Habitude Quotidienne de la Rédaction --20
   Appliquer ces Concepts à l'Écriture--------------21
Habitude 1 : Surmonter Cinq Grandes Croyances qui vous Limitent----------------------------------23
Habitude 2 : Établir une Routine Quotidienne et son Environnement------------------------------31
Habitude 3 : Planifier du Temps pour Écrire------35
Habitude 4 : Faire le Suivi de Votre Routine d'Écriture ---40
Habitude 5 : Trouver le Meilleur Emplacement --46
Habitude 6 : Minimiser les Distractions et les Interruptions---------------------------------------54
Habitude 7 : Créer un Cadre Défini------------------58
Habitude 8 : Se Concentrer sur de Petits Projets d'Écriture (au commencement) ------------------62
Habitude 9 : Tirer Profit de l'Écriture.--------------66
Habitude 10 : Se Concentrer sur un Projet à la Fois ---70

Habitude 11 : Créer un État d'Écriture Plein d'Énergie ---78

Habitude 12 : Taper sans Regarder le Clavier pour Augmenter la Vitesse de votre Écriture ---------------82

Habitude 13 : Développer l'Enthousiasme pour Vos Projets --86

Habitude 14 : Tenir un Carnet à Idées--------------90

Habitude 15 : Cultiver la Résilience Face aux Rejets --94

Habitude 16 : Intégrer la lecture dans votre routine--96

Habitude 17 : Pratiquer la méditation et la pleine conscience ---98

Habitude 18 : Créer un Processus d'Écriture----100

Composante de Processus 1 : Le Plan-------------104

Composante du Processus 2 : La Recherche-----112

Composante de Processus 3 : L'Ébauche---------114

Composante de Processus 4 : Le Premier Brouillon ---121

Composante de Processus 5 : Le Deuxième Brouillon --124

Composante de Processus 6 : L'Édition ---------128

Composante de Processus 7 : La Version Finale 130

Écrire comme une Habitude Permanente (ou "Comment Écrire 1 500 Mots TOUS les Jours")-----132

Ecrire aujourd'hui de la non-fiction et l'IA-------136

Opportunités Offertes par l'IA dans l'Écriture --141
   Génération d'Idées et Inspiration----------------141
   Amélioration de la Productivité et de l'Efficacité --141
   Traduction et Accessibilité Globale ------------142
Limites et Défis de l'IA dans l'Écriture------------143
Tirer le Meilleur Parti de l'IA en Écriture --------144
   Complémentarité Plutôt que Substitution ----144
   Développement Continu des Compétences d'Écriture---144
   Éthique et Responsabilité -------------------------144
Les outils IA au service de l'écrivain --------------146
Commencez à Écrire Aujourd'hui ! -----------------148
Extrait du livre Habitude : Comment passer votre boite de réception à zéro email ? ----------------------150
   6 Croyances Limitantes sur l'E-mail. -----------150
   Croyance Limitante #1 : Vous Devez Être Toujours Disponible. ---------------------------------151
   Croyance Limitante #2 : Se sentir « Coupable ». --155
   Croyance Limitante #3 : Les E-mails Courts Sont Impolis --158
   Croyance Limitante #4 : Penser Que Les Autres Sont Plus Importants Que Vos Propres Priorités. --159

Croyance Limitante #5 : Utiliser Un Message Électronique Comme Une Liste De Tâches -------160

Croyance Limitante #6 : La « Faillite d'E-mail » est la Solution --163

AUTRES TITRES DE L'AUTEUR --------------------166

CADEAU --168

MERCI --169

Habitude : écrire 1500 mots par jour – La Maîtrise

Auteur : Philippe PICARD
Version 3.0 – révision augmentée 01/2024

Licence : Ce livre n'est pas gratuit. Vous devez acheter une copie si vous avez reçu ce livre par un tiers. Merci de respecter ainsi le travail de l'auteur.

Ce livre est destiné à une utilisation personnelle.
© 2014-2024 Par Philippe PICARD

Mentions Légales : Ce livre a été conçu à titre d'information et dans le but de présenter des idées, des opinions et des faits à propos d'un sujet précis. Ce ne sont pas les idées propres de l'auteur. Des actions ont été menées pour rendre les informations pertinentes et à jour en date de rédaction. Il se peut qu'il y ait des erreurs ou omissions.
L'auteur et l'éditeur se déchargent de toute responsabilité quant à l'utilisation du contenu de ce livre, de toute mauvaise interprétation... et de tout dérapage qui en résulterait de la lecture des informations. Pour toute information se rattachant au domaine médical, psychique ou juridique, merci de consulter les spécialistes des domaines concernés.

J'utilise quelques fois des liens affiliés dans mes contenus. Cela signifie que si vous décidez d'effectuer un achat, je percevrais une petite commission sur la vente, sans augmenter votre prix de vente bien sûr. Mais cela n'affecte pas mon opinion. Chaque lien d'affilié est sur un produit que j'ai personnellement utilisé et trouvé pertinent. Faites vos propres recherches avant tout achat en ligne s'il vous plait.

Autres Titres De l'auteur

Vous pouvez également vous procurer mes 78 livres sur Amazon ou sur ma plateforme philippepicard.fr

03/01/2024

- Networking 2023
- Optimiser ma semaine
- Todoist la Maîtrise
- Astuces Productivité
- Side Hustle : Boîte à Outils
- Gestion du temps et objectifs pour les écrivains
- Carnet de route pour Solopreneur
- Agenda FOCUS
- Objectifs et Todo Listes Efficaces
- Effet Cumulé : le guide pratique
- Votre Vie 80/20 : comment appliquer le principe de Pareto à tous les domaines de votre vie
- Habitude : Ecrire 1500 mots par jour ? La Maîtrise
- Habitude : Comment passer votre boîte de réception à Zéro Email ? La Maîtrise
- Habitude : La Méthode Durable La Maîtrise
- Comment multiplier par 10 votre efficacité sur Excel ?
- La Bible des Recherches EXCEL
- Tables Excel – Le Guide Complet
- Package Gestion du temps: Organisez-vous, vivez mieux

- La semaine des 4 heures - Résumé
- Take The Stairs – Résumé
- Lean Startup - Résumé
- 12 Weeks A Year - Résumé
- Workbook – Multipliez vos ventes par 10
- Workbook – 12 Weeks A Year
- Workbook – Start with WHY
- Workbook – Réfléchissez et devenez riche
- Workbook – Votre Vie 80/20
- Comment trouver des idées profitables pour des ebooks sur Amazon ?
- 17 jours pour un ebook en ligne sur Amazon
- 33 Stratégies pour Bien Vendre Sur Amazon Kindle
- 3 jours pour transformer vos contenus en livre
- Gestion du Temps pour Femme Active
- Sagesse Toltèque en Action
- Toltec Wisdom in Action (English Edition)
- 11 Conseils Pour Une Vie Saine Après 50 Ans
- ...

Vous trouverez également plusieurs packages de best-sellers.
Et pour être sûr de ne pas en manquer un ☺ ,
Allez sur ma page [Auteur sur AMAZON.FR](#)
ou bien sur mon site [philippepicard.fr](#)

Introduction

Avez-vous toujours voulu écrire un roman, mais ne semblez jamais pouvoir franchir le premier chapitre ?

Avez-vous un ebook qui résonne dans votre tête mais n'arrivez pas à le mettre noir sur blanc ?

Souffrez-vous du syndrome de la page banche lorsque vous vous asseyez enfin devant l'ordinateur ?

Ce livre vous apprendra à :

- Des routines spécifiques qui vous aideront à développer une habitude d'écriture à long terme.
- Surmonter le blocage de l'écrivain afin que vous sachiez ce que vous voulez écrire à chaque fois que vous vous installez à écrire.
- Écrire vite en suivant un processus spécifique de création de contenu.

C'est frustrant d'avoir une idée pour un grand livre mais ne jamais sembler pouvoir trouver le temps de l'écrire.

Je sais aussi que vous êtes occupé. Vous avez un tas de choses qui vous traversent la tête. Votre travail, vos relations, vos enfants, vos projets de maison, il semble qu'il n'y a jamais un moment idéal pour écrire votre livre ou scénario. Même quand vous vous asseyez pour travailler sur votre projet d'écriture, vous avez laissé tellement de temps s'écouler que vous avez oublié ce que vous avez déjà achevé et ce qu'il faut faire ensuite.

La vérité est la suivante : Les écrivains accomplis n'ont pas plus de temps que vous.

Ils **prennent** le temps d'écrire.

Non seulement ils prennent le temps, mais ils ont aussi découvert des routines qui les aident à éviter complètement le blocage de l'écrivain.

Ce livre est conçu pour vous aider à trouver une façon de parvenir à faire cela lorsque vous travaillez avec votre horaire et vos contraintes.

Ce dont vous *avez besoin* sont des outils qui vous aideront à développer une habitude d'écriture durable et démolir le blocage de l'écrivain. Il m'a fallu beaucoup de temps, de recherche et de perfectionnement du processus visant à développer une habitude d'écriture qui marche tous les jours.

Ok, Philippe, nous sommes en 2024 et ChatGPT est arrivé… donc écrire à quoi ça sert ? Nous le verrons un peu plus tard. Et, oui, le processus créatif est toujours d'actualité.

Pourquoi ?

L'objectif est de montrer comment le développement d'une habitude *continuelle* peut conduire à une meilleure vie. Au lieu de vous donner un cours magistral, je fournis des stratégies simples qui peuvent être facilement ajoutées à toute vie bien remplie. J'ai expérimenté que la meilleure façon de faire un changement durable consiste à développer une seule habitude de qualité à la fois.

Une habitude qui a été un défi pour moi pendant de nombreuses années a été celle d'écrire. J'ai eu du mal avec elle au quotidien et j'ai souvent affronté le blocage de l'écrivain.

Mais tout a changé quand j'ai adapté une mentalité stratégique. Maintenant, j'écris toujours de 45 000 à 60 000 mots par mois, ce qui m'a aidé à créer plus de 1500 articles de blogs/réseaux sociaux et 78 livres publiés dans ces 10 dernières années. Tout cela vient de la confiance nécessaire pour s'asseoir chaque jour et produire quelques milliers de mots.

Pourquoi Écrire 1 500 Mots par Jour ?

Un aspect clé pour développer des habitudes effectives est celui de choisir un objectif spécifique et mesurable. Par exemple, si quelqu'un veut développer l'habitude de courir, il/elle aurait plus de chances de succès s'il s'engageait à courir pendant 15 minutes chaque jour que s'il décidait de « courir plus souvent ».

En vous engageant à écrire un **nombre fixe de mots par jour,** vous y arriverez.

Ceci fonctionne car :

- Vous pouvez atteindre de petits objectifs quotidiens beaucoup plus facilement que des objectifs énormes à long terme.
- Ce n'est pas intimidant de s'asseoir pour écrire 1 500 mots, mais il est difficile de mettre une semaine de côté pour ne faire qu'écrire.
- Taper ce nombre de mots va se transformer en une habitude d'écriture quotidienne qui vous entraînera bien au-delà d'un seul projet.

J'ai choisi l'objectif de 1 500 mots par jour, parce que c'est ce que j'ai trouvé de plus efficace pour moi.

Si vous écrivez 1 500 mots par jour, vous :

- Écrirez + 10 000 mots par semaine.
- Terminerez un petit ebook en trois à quatre semaines.
- Finirez une première ébauche d'un roman moyen en deux mois.
- Publierez un post de blog de qualité tous les jours.

Je me rends compte que vous pourriez ne pas écrire au même rythme que moi. Peut-être vous pourriez être en mesure d'écrire 500 ou 1 000 mots par jour.

Ou vous pourriez aussi avoir plus de temps que moi (ou écrire plus vite que moi) et choisir d'écrire 3 000 ou 10 000 mots chaque jour. L'important est d'établir un objectif quotidien en nombre de mots et ensuite s'y tenir.

Comment Surmonter le Blocage de l'Écrivain avec une habitude d'Écriture ?

La plupart des gens n'écrivent pas à cause d'une forme créative de procrastination. C'est souvent dû à une incertitude de quoi dire. Peut-être qu'ils sont restés coincés dans le passé. Ou peut-être qu'ils ne comprennent pas la puissance de faire un plan intelligent. Ou bien ils pourraient penser que c'est plus facile de *rêver* d'un livre au lieu d'entrer en action.

Peu importe la raison, vous découvrirez que le blocage de l'écrivain est facile à surmonter si vous transformez l'écriture en habitude. Au lieu de *deviner* ce que vous allez créer chaque jour, vous allez apprendre à tracer vos idées et à transformer vos pensées en contenu de qualité.

Contrairement à beaucoup de livres populaires d'écriture qui parlent de la gloire de l'écriture, ce livre est très exploitable. Vous apprendrez un procédé pratique d'écriture qui fonctionne réellement. Mon but est de vous aider à développer une habitude d'écriture qui aboutit à un livre fini, un blog bien rempli ou un scénario terminé.

Êtes-vous prêt à commencer ?
Alors, faisons-le !

La Psychologie de l'Habitude Quotidienne de la Rédaction

Vous trouverez peut-être étrange le concept de cultiver l'habitude d'écrire. Après tout, beaucoup d'entre nous pensons aux habitudes comme des choses mauvaises que nous souhaiterions arrêter de faire, comme se ronger les ongles ou se coucher tard. Heureusement, les bonnes habitudes peuvent mener à des améliorations gratifiantes dans nos vies.

Les habitudes sont puissantes parce qu'elles deviennent une seconde nature. Si vous prenez l'habitude de faire du stretching à votre réveil, un jour vous vous surprendrez à faire cette posture de yoga — avec amusement. Si vous développez l'habitude de boire de l'eau pendant la journée, les boissons gazeuses perdront leur attrait et vous vous retrouverez avec une envie irrésistible d'un grand verre de H^2O froide.

Une fois que vous aurez créé des habitudes d'écriture, vous éviterez les vieilles mauvaises habitudes, comme succomber au blocage de l'écrivain.

Pensez-y de cette façon :

Supposons que vous faites du jogging sur le même trajet tous les jours. Sur cet itinéraire il y a un nid-de-poule, bien au milieu de votre chemin. Un coureur intelligent va planifier un itinéraire qui contourne le nid-de-poule, n'est-ce pas ? Vous pourriez trébucher et tomber, en raison de ce nid-de-poule, les premières deux ou trois fois, mais une fois que vous aurez fait l'itinéraire qui évite le nid-de-poule quelques fois, vous n'aurez même pas à y penser. Vous allez juste contourner le nid-de-poule à chaque fois, sans l'éviter consciemment.

Une fois que les habitudes sont pratiquées pendant environ 30 jours consécutifs, elles deviennent ancrées dans votre psychisme. Votre cerveau devient formé à considérer cette habitude normale, quelque chose d'attendu.

Appliquer ces Concepts à l'Écriture

Demandez vous-même ceci : Quelles sont mes habitudes d'écriture actuelles ?

Est-ce que vous...

- Pensez pendant une longue période avant de commencer à écrire (chaque fois) ?
- Écrivez pendant quelques minutes, et vous vous rendez compte que vous n'avez pas de plan ni d'intrigue et vous déraillez ensuite,

cherchant ce détail en boucle et perdant ainsi la concentration et l'élan ?
- Écrivez pendant un certain temps, et vous vous rendez compte que vous n'avez pas de plan ou d'intrigue et puis restez coincé en vous demandant si votre livre va quelque part ?
- Analysez votre écriture à tel point que vous n'êtes pas sûr d'avoir du talent ?

Ce sont toutes des habitudes d'écriture qui vous empêcheront de progresser.

Vous avez besoin de créer des habitudes d'écriture qui vous aident à mettre des mots sur la page. Ensuite, vous devrez établir des habitudes qui vous aident à polir votre travail jusqu'à ce qu'il brille.

Vous aurez besoin d'habitudes qui vous maintiennent organisé et sur la bonne voie. Toutes ces habitudes, une fois mises en place, donneront des résultats.

Habitude 1 : Surmonter Cinq Grandes Croyances qui vous Limitent

Avant de pouvoir faire quoi que ce soit, vous devez établir une habitude qui s'occupe de votre plus grand obstacle : *les croyances qui vous limitent.*

Vous pourriez connaître ou pas ces croyances, mais vous en avez probablement quelques-unes si vous n'avez toujours pas établi une pratique de l'écriture. Ces croyances se mettent dans votre passage vers le succès, tout comme un gorille de 200 kgs entre vous et votre clavier.

Persévérez et vous trouverez les croyances qui vont entraver votre capacité à transformer l'écriture en une habitude permanente.

Lisez cette liste, cochez celles que vous reconnaissez et décidez de remplacer tous les jours la croyance qui vous limite par une déclaration affirmative. Affichez une liste de ces énoncés affirmatifs où vous pourrez rapidement les lire au début de vos séances d'écriture.

1. J'ai toujours entendu dire que l'écriture rapide est mauvaise.

Remplacez cette croyance avec l'affirmation suivante : *De nombreux écrivains sont des écrivains rapides.*

Tandis que certains auteurs croient fermement à l'écriture délibérée et soigneuse, la plupart des écrivains accomplis labourent à partir de la première ébauche, laissant les corrections pour des brouillons ultérieurs. Il est important de mettre de côté votre éditeur interne et seulement mettre des mots sur la page lorsque vous travaillez sur une première ébauche.

Découvrez combien ces auteurs célèbres ont produit des mots en quantité industrielles :
- Erle Stanley Gardner (romans de Perry Mason) – 1 million de mots par an.
- John Grisham (thrillers juridiques) – un roman en 100 jours et l'autre en six mois
- Victor Hugo (Les Misérables, Le Bossu de Notre Dame) – 20 pages par jour

N'oubliez pas : Vous pouvez toujours supprimer les mots que vous n'aimez pas, mais vous ne pouvez rien faire avec les mots qui sont toujours coincés dans votre tête.

2. Je ne ferai jamais d'argent à partir de l'écriture.

Remplacez cette croyance avec l'affirmation suivante : Beaucoup d'auteurs font de l'argent avec des livres qu'ils ont auto-publiés.

On dit dans le monde de l'Internet : « le contenu est roi ». Essentiellement, tous les sites Web et les entreprises ont besoin d'une chose : des mots ! « Le contenu » est quelque chose d'important, des blogs aux pages web et des ebooks aux rapports... et si c'est assez bon, les gens seront prêts à payer pour cela.

Les lecteurs sont disposés à acheter des livres auto-édités (imprimés et numériques), surtout de la « non-fiction » rédigée par des spécialistes. Les écrivains de fiction voudraient envisager s'approcher des agents et des éditeurs, mais même les écrivains de fiction qui veulent de l'auto-promotion peuvent toucher des sommes décentes d'argent avec des travaux auto-publiés.

N'oubliez pas : Vous ne ferez pas d'argent avec un livre qui n'est pas encore écrit !

3. Personne ne s'intéresse à ce que j'ai à dire.

Remplacez cette croyance par l'affirmation suivante : Si je suis intéressé par cela, il y a un public de personnes comme moi qui vont l'apprécier.

Même s'il est vrai que vous devriez faire des recherches sur la popularité (ou demande) de votre sujet, vous ne pouvez vraiment pas prédire ce que les gens vont acheter cette année ou la prochaine. Au lieu de cela, il est plus sûr d'écrire à propos des sujets que vous connaissez beaucoup et auxquels vous êtes vraiment intéressé. Votre authenticité brillera.

Erreur à éviter : écrire avec une autre voix que la vôtre. Inutile de copier le style d'un auteur connu car vous n'êtes pas lui.

N'oubliez pas : Vous pouvez trouver un moyen de faire que même un sujet obscur soit accessible et vendable.

4. Je ne sais jamais quoi dire.

Remplacez cette croyance avec l'affirmation suivante : *Les mots viendront.*

Cette croyance provoque le blocage de l'écrivain classique. Si vous apprenez à faire la recherche et élaborer le plan ou l'intrigue (qui sont traités plus loin dans ce livre), vous ne serez pas coincé. Vous serez capable de vous asseoir, jeter un coup d'œil à votre plan et commencer à écrire.

N'oubliez pas : Vous pouvez surmonter le blocage de l'écrivain.

5. Mon écriture (grammaire, ponctuation, structure) n'est pas assez bonne.

Remplacez cette croyance par l'affirmation suivante : je peux toujours embaucher un éditeur ou demander à un ami de corriger mon écriture quand j'aurai fini.

Beaucoup d'écrivains s'associent à ce qu'ils appellent un lecteur « bêta » — quelqu'un qui critique leur travail en échange d'un corrigé de *leur* travail. Cet arrangement peut fournir un aperçu, sans coûter de l'argent.

Si vous ne voulez pas dépenser de temps à lire le travail de quelqu'un d'autre, embauchez un éditeur ou échangez d'autres biens ou services avec un ami ou un voisin qui ait une bonne connaissance de la langue dans laquelle vous écrivez.

Dans cette croyance vit également le risque du perfectionniste. Et là, le fait de s'adresser à quelqu'un d'autre ne suffit pas toujours. N'oubliez pas : Vous devez écrire le livre, mais quelqu'un d'autre peut vous aider à l'affiner. Et un livre écrit, publié, est plus valorisant pour vous que douze partie de manuscrits au fond d'un tiroir.

6. Je dois suivre les tendances pour être publié.

La croyance que suivre les tendances est nécessaire pour être publié peut limiter la créativité et l'authenticité d'un écrivain. En réalité, l'originalité et la passion sont les véritables moteurs d'une écriture captivante. Lorsque vous écrivez sur des sujets qui vous passionnent réellement, votre enthousiasme transparaît dans votre travail, rendant vos écrits plus engageants et uniques.

Les tendances peuvent changer, mais une voix authentique résonne toujours avec les lecteurs. En restant fidèle à vos intérêts et en valorisant votre perspective unique, vous créez des œuvres qui ont non seulement le potentiel d'attirer un public fidèle, mais aussi de durer dans le temps.

VOTRE NOUVELLE HABITUDE

Pensez à d'autres croyances qui pourraient se mettre dans votre passage. Rédigez une affirmation qui contredit la croyance limitante. Affichez cela quelque part en vue pour vous lors du démarrage de votre pratique de l'écriture chaque jour.

Bon, j'avoue que cela puisse sembler un peu à l'eau de rose pour certaines personnes. Toutefois, si vous avez une « voix intérieure » où vous êtes rempli de doute, il est important de résoudre ce problème immédiatement. Bien que les affirmations ne soient pas pour tout le monde, elles peuvent vous aider à reprogrammer votre esprit afin de voir les choses autrement.

Habitude 2 : Établir une Routine Quotidienne et son Environnement

« Je n'écris que quand je suis inspiré. Heureusement, je suis inspiré tous les jours à neuf heures du matin. » -- William Faulkner

Beaucoup d'auteurs croient qu'ils devraient écrire seulement quand ils sont inspirés. Si vous comptez sur cela, vous trouverez que vous êtes :

- Souvent inspiré quand vous êtes trop occupé pour écrire,
- Presque jamais inspiré quand vous avez le temps d'écrire.

Cela arrive aux écrivains parce qu'en fait, ils ont peur d'écrire quelque chose qui ne soit pas du tout bien écrit. C'est pourquoi ils se sentent inspirés lorsqu'ils ne peuvent pas écrire et ne retrouvent pas d'inspiration quand ils pourraient effectivement écrire quelque chose. C'est une stratégie que votre subconscient met en marche pour vous empêcher d'écrire quelque chose de pourri et de vous fait sentir mal.

Les écrivains accomplis vont au-delà de cette crainte et se forcent eux-mêmes à coucher des mots sur les pages régulièrement, inspirés ou sans inspiration. Ce qu'ils trouvent, c'est qu'après avoir écrit pendant quelques minutes, l'inspiration apparaît, même si au commencement ils se sentaient découragés ou anxieux.

Pourquoi les Routines Fonctionnent-elles ?

Avoir une routine vous aide parce qu'une fois que vous vous forcez à réellement écrire quelque chose, votre critique interne se détend et vous permet de passer aux choses sérieuses. (Je vais donner plus de renseignements par la suite à propos de comment désactiver ce critique interne.) Après avoir fait votre travail d'écriture, vous pouvez revenir en arrière et enlever les choses mauvaises. Vous pouvez aussi polir les pierres précieuses qui restent. Le résultat final sera bien écrit.

Le premier pas pour faire taire ce critique interne est de définir une routine afin que vous sachiez quoi attendre de vous-même à chaque fois que vous vous asseyez pour écrire. Si vous n'avez pas de routine établie, vous gaspillerez beaucoup de temps à faire des trucs comme :

- Décider où vous asseoir.
- Vous mettre à l'aise (et puis décider que votre place initiale n'est pas confortable, vous installer à nouveau, décider que le deuxième emplacement n'est pas idéal, vous déplacer à nouveau, etc.)
- Décider à propos de quoi vous voulez écrire.
- Repenser les pages que vous avez déjà écrites.

- Lire vos mails, les mises à jour sur Facebook ou surfer sur le net jusqu'à ce que vous ayez envie d'écrire.
- Rechercher un fait insignifiant qui n'est que vaguement lié à votre livre.
- Essentiellement, faire un peu de tout sauf écrire.

Toutes ces actions peuvent détruire votre capacité à remplir 1 500 mots sur une base quotidienne.

Au lieu de cela, vous devrez établir une routine de qualité comprenant ce qui suit :

- Cinq à sept jours d'écriture. (S'engager à un nombre spécifique de jours par semaine.)
- Un plan de suivi (pour le nombre de mots, les projets, les emplacements et les types d'écriture) pour vous aider à identifier quels facteurs vous aident à mieux écrire.
- Un moment de la journée fixe pour écrire. (Vous aurez besoin de jouer avec les moments de la journée pour comprendre ce point, mais vous devez choisir un moment de la journée et le maintenir une fois que vous saurez quel moment de la journée est le meilleur pour vous.)
- Un endroit où vous êtes libre de distractions ou d'interruptions.
- L'habitude d'écrire sans y penser. Il suffit de s'asseoir et se laisser aller !

VOTRE NOUVELLE HABITUDE

Vous combinerez plusieurs des éléments discutés dans ce chapitre pour constituer votre routine d'écriture. Ensuite, vous ferez que cette routine devienne une habitude quotidienne en la mettant en route un certain nombre de jours par semaine.

Habitude 3 : Planifier du Temps pour Écrire

J'espère qu'à présent vous avez compris que vous devez prendre le temps d'écrire au lieu de le voir s'envoler. Cela veut dire que vous choisirez un moment précis pour écrire chaque jour et puis, vous y tenir. Cet engagement de temps quotidien est le premier des blocs de construction pour créer une routine d'écriture réussie.

Planifier du temps pour écrire n'est pas seulement une question de gestion du temps, c'est une déclaration d'intention. Cela signifie accorder à l'écriture la priorité qu'elle mérite. En réservant des moments spécifiques pour écrire, vous créez un espace mental et physique propice à la créativité et à la concentration. Cela aide également à développer une discipline, essentielle pour tout écrivain souhaitant progresser et produire régulièrement.

Intégration de l'Écriture dans un Emploi du Temps Chargé

La clé pour intégrer l'écriture dans un emploi du temps chargé réside dans la reconnaissance de sa valeur et dans la flexibilité. Voici quelques stratégies pour y parvenir :

1. **Identifier les Moments Optimaux** : Chaque personne a des moments dans la journée où

elle se sent plus énergique et concentrée. Identifiez ces moments et essayez d'y intégrer vos sessions d'écriture. Pour certains, cela pourrait être tôt le matin, pour d'autres, tard le soir.
2. **Écrire en Blocs de Temps Courts** : Si consacrer de longues heures à l'écriture est impossible, optez pour des blocs de temps plus courts. Même 15 à 30 minutes par jour peuvent être productives si elles sont bien utilisées.
3. **Planification Hebdomadaire** : Au début de chaque semaine, regardez votre emploi du temps et déterminez à l'avance quand vous pourrez écrire. Cela vous aide à rester organisé et à éviter les conflits d'horaire.
4. **Utiliser les Temps Morts** : Les moments d'attente ou les trajets peuvent être transformés en opportunités d'écriture. Avec la technologie actuelle, il est facile d'écrire sur un smartphone ou une tablette.

Gérer les Distractions

Dans un monde hyperconnecté, les distractions sont omniprésentes. Apprendre à les gérer est crucial pour maintenir une routine d'écriture efficace. Cela peut impliquer de désactiver les notifications sur votre téléphone ou d'utiliser des applications qui bloquent l'accès à Internet pendant vos sessions d'écriture.

Flexibilité et Adaptabilité

Soyez flexible et adaptable avec votre planning. La vie peut être imprévisible, et il est important de savoir ajuster votre routine d'écriture en conséquence. Si vous manquez une session, ne vous découragez pas. Réajustez votre emploi du temps et continuez.

Personnellement, j'aime écrire le matin, une demi-heure après mon réveil. Je consacre une heure à l'écriture, cinq jours par semaine, mettant les week-ends de côté. Cela fonctionne pour moi parce que :

- Je sais que je ne reporterai pas à plus tard ni manquerai mon heure d'écriture en raison d'événements imprévus ou de distractions.
- Je suis plus alerte tôt dans la matinée. C'est le moment qui convient le mieux pour moi.
- Je passe cette première demi-heure à faire des activités énergisantes qui m'aident à me réveiller et me motiver.

Quel Moment de la Journée Fonctionne le Mieux pour Vous ?

Il vous faudra jouer avec les moments de la journée jusqu'à ce que vous trouviez ce qui fonctionne le mieux pour vous. J'ai remarqué que tous les écrivains accomplis n'écrivent pas pendant le même moment de la journée. En fait, ce qui suit est vrai de ces écrivains bien connus :

- Stephen King écrit pendant le matin et passe son après-midi à se détendre, faire la sieste et s'occuper de ses affaires personnelles.
- John O'Hara écrivait au milieu de la nuit et dormait jusqu'à midi.
- Rudyard Kipling écrivait de la fin de matinée à la fin de l'après-midi, à peu près de 10h00 à16h00 chaque jour.

Vous aurez besoin d'essayer d'écrire à différents moments de la journée. Plus tard, nous allons parler de l'importance de faire le suivi de vos avances et de ce que vous ressentez à propos de votre écriture. Cela vous aidera à déterminer quel moment vous convient. Prenez tous ces facteurs en compte lors du choix d'un moment de la journée.

Vous devrez peut-être contourner votre travail et votre emploi du temps (enfants, relations), découper du temps qui « fonctionne » avec les autres obligations dans votre vie. Ces exigences pourraient surpasser vos préférences personnelles pour l'écriture. Prenez tous ces facteurs en compte lorsque vous choisissez un moment de la journée.

Planifiez un Moment Spécifique de la Journée
Lorsque vous avez déterminé quel moment de la journée fonctionne le mieux pour vous, vous aurez besoin de mettre de côté une plage horaire spécifique pour écrire chaque jour. Je vous suggère de réserver une heure par jour pour écrire, mais vous devrez

peut-être régler cette quantité de temps, plus ou moins, selon le temps qu'il vous faut pour atteindre votre objectif quotidien de nombre de mots.

Une fois que vous avez déterminé combien de mots vous avez terminé dans un laps de temps défini, vous pourrez ajouter ceci à votre horaire quotidien. Par exemple, vous pourriez réserver de 6h30 à 7h30 tous les matins pour votre habitude d'écriture. Notez-le, comme s'il s'agissait d'un rendez-vous avec le dentiste et faites attention à ce que rien ne l'entrave.

VOTRE NOUVELLE HABITUDE

Pour que ce choix se transforme en habitude, vous devrez :

Choisir la même heure chaque jour.

Répéter cette habitude tous les jours (ou tous les jours ouvrables, si vous prenez les week-ends) pendant au moins 30 jours d'affilée.

** Planifier ce créneau horaire dans votre agenda, vous empêchant de prendre d'autres engagements.

** Refuser de laisser quoi que ce soit (à part les vraies urgences) vous faire remettre à plus tard votre engagement par l'écrit.

Habitude 4 : Faire le Suivi de Votre Routine d'Écriture

Les bons écrivains écrivent en blocs de temps, refusant de se laisser distraire quand ils sont en train de travailler. Ils font le suivi de leur temps soigneusement et occasionnellement, et évaluent quels changements environnementaux influencent leur capacité à produire des matériels de qualité à grande vitesse.

Pour ce faire, vous pouvez maîtriser deux habitudes d'écriture : écrire en blocs de temps et faire tous les jours le suivi du produit de votre écriture.

Étape #1 : Faire le Suivi des Blocs de Temps

Je suis arrivé à l'idée d'écrire en blocs de temps quand j'ai remarqué que ma productivité tombait chaque jour à un moment donné. Je suis capable d'écrire pendant une heure complète avant de devoir m'arrêter. Cependant, quand j'écrivais plus d'une heure par jour, je me suis rendu compte que je travaillais plus efficacement si je divisais mon temps d'écriture en blocs plus petits.

Cette prise de conscience m'a amené à explorer les techniques d'écriture en bloc. C'est quand je suis tombé sur quelque chose qui s'appelle la *Pomodoro*

Technique, un système populaire de blocage de temps qui a été créé dans les années 1980 par l'italien Francesco Cirillo et est utilisé par les chefs d'entreprises et les experts en efficacité.

La Technique Pomodoro est nommée d'après un minuteur populaire qui ressemble à une tomate (d'où le nom « pomodoro, » qui veut dire "tomate" en italien.) Le minuteur est utilisé comme un minuteur de cuisine ordinaire, mais Cirillo a expérimenté avec le blocage du temps jusqu'à ce qu'il ait découvert ce qui est considéré de nos jours l'utilisation la plus efficace des blocs de temps (pour l'efficacité au travail).

Lors de l'utilisation de la technique, vous devrez :

1. Choisir une tâche.

2. Régler le minuteur pour 25 minutes.

3. Travailler pendant 25 minutes sans aucune distraction, refusant de vous arrêter pour quoi que ce soit.

4. Faire une pause de cinq minutes.

5. Retourner au travail pour encore 25 minutes.

6. Après quatre blocs (de 25 minutes de travail et cinq minutes de répit), prendre une pause de 15 à 30 minutes.

Si vous voulez le faire style haute technologie, essayez d'utiliser un des programmes suivants :

FocusKeeper

Pomotodo

Pomello (eu duo avec Trello)

Si vous ne voulez pas utiliser la technique Pomodoro en soi, essayez d'utiliser un programme de suivi des travaux. Ces programmes vous demanderont « Travaillez-vous ? » lorsqu'il apparaît que vous ne faites plus votre tâche, comme quand vous vérifiez votre Facebook.

Vous pouvez expérimenter avec des blocs de temps autres que les traditionnels 25 minutes de travail, 5 minutes de repos. Comme je le disais, je travaille mieux pendant une heure tôt le matin, mais j'ai besoin de diviser mes efforts d'écriture en blocs de temps plus petits après cette première heure de la journée passée. Vous pourriez travailler mieux en blocs d'une demi-heure, ou avec des pauses plus longues.

Étape #2 : Faire le Suivi de Votre Écriture

Ceci mène directement dans mon point suivant, qui est l'importance de faire le suivi de vos habitudes d'écriture. Si vous ne faites pas le suivi de la quantité de mots que vous produisez et des facteurs environnementaux qui influent positivement sur votre productivité, vous ne découvrirez jamais votre point idéal. J'ai créé un formulaire de suivi qui a révolutionné ma capacité de suivre et d'évaluer ma pratique de l'écriture. C'est une simple feuille de calcul Excel qui comporte huit colonnes :

1. Date

2. Heure

3. Nom du projet

4. Type d'écriture (brouillon, 1ère ébauche, 2ème ébauche, etc.)

5. Blocs (ou unités d'écriture)

6. Nombre de mots

7. Moyenne du nombre de mots par bloc : Comptage de mots/blocs

8. Emplacement

J'enregistre mes informations pour la période de travail immédiatement après avoir fini d'écrire. De cette façon je peux savoir si ma productivité est tombée à un moment particulier. Après avoir fait cela pendant un certain temps, j'ai pu déterminer que mes deux moments de la journée les plus productifs sont tôt le matin à la table de la cuisine et les après-midis occasionnels que je passe à la terrasse d'un café.

Créer votre Stratégie de Suivi

Vous aurez envie de créer votre propre formulaire de suivi. Vous pouvez utiliser une feuille Excel, comme je le fais, ou vous pouvez imprimer un journal ou utiliser un système de suivi en ligne. Quoi que vous choisissiez, faites-le à chaque fois que vous écrivez. Je suggère que vous y mettiez aussi, au cas où vous auriez manqué une journée, les raisons de ce manque ; ou pourquoi vous pensez que votre productivité a été faible les jours où vous savez que vous avez déraillé.

Soyez honnête avec vous-même. Quelques raisons communes pour la faible productivité sont :

- Permettre aux membres de la famille de vous interrompre.
- Vous laisser distraire par e-mail ou sur Facebook, tik tok, etc...
- Faire des recherches sur un point et vous

intéresser à quelque chose hors-sujet.

Si vous vous reprochez ces distractions, vous arrêterez de les faire. Si vous ignorez vos infractions et en faites des excuses, vous allez répéter ces mauvaises habitudes.

Le but ultime de tout cela est de découvrir ce qui vous rend le plus productif. Les auteurs prolifiques ont du matériel à travailler. Les écrivains qui le sont moins ont beaucoup plus de mal à finir un projet. Découvrez les facteurs qui vous font plus productif et vous aurez du succès.

VOTRE NOUVELLE HABITUDE

> *Travaillez en blocs de temps que vous enregistrez sur une feuille de calcul Excel.*
> *Évaluez votre productivité toutes les deux semaines.*
> *Recherchez les convergences dans les jours où vous pouvez écrire un grand nombre de mots.*
> *Organisez votre emploi du temps pour faire la plupart de votre travail d'écriture pendant le moment et dans l'endroit où vous travaillez le mieux.*

Habitude 5 : Trouver le Meilleur Emplacement

Vous pourriez penser que l'emplacement n'est pas important, mais il a vraiment un impact direct sur votre capacité à transformer l'écriture en habitude.

Un bon emplacement est celui où vous pouvez :

- Vous concentrer.
- Ne pas être dérangé.
- Vous sentir inspiré.
- Avoir un accès local (tout endroit à plus de 10-20 minutes de la maison ou du travail n'est pas pratique).

Il est important d'établir un endroit principal pour vos efforts d'écriture. Vous serez bientôt conditionné à l'envie d'écrire dès que vous entrerez dans cet espace familier.

L'impact de l'environnement sur l'habitude d'écrire est un aspect crucial souvent sous-estimé. Un environnement bien adapté peut non seulement favoriser la concentration et la créativité, mais aussi renforcer l'habitude d'écrire régulièrement.

Tout d'abord, un espace dédié à l'écriture, qu'il soit un coin tranquille chez soi ou un café favori, crée une association mentale entre ce lieu et l'acte d'écrire. Cette association aide à déclencher le processus créatif dès que vous entrez dans cet espace. Il est important que cet endroit soit à l'abri des distractions courantes, comme le bruit excessif ou les interruptions fréquentes.

La lumière, la température et même l'ameublement de votre espace d'écriture peuvent influencer votre productivité. Un éclairage adéquat réduit la fatigue oculaire, tandis qu'une température confortable peut vous aider à rester concentré plus longtemps. Un bureau bien organisé et un siège confortable sont également essentiels pour maintenir une bonne posture et éviter la fatigue physique.

En outre, personnaliser votre espace avec des objets qui inspirent ou motivent peut stimuler la créativité. Cela peut être des livres de vos auteurs préférés, des citations inspirantes, ou même une plante qui ajoute une touche de nature.

Enfin, l'environnement numérique est tout aussi important. Des applications de blocage de sites distrayants aux logiciels d'écriture qui aident à organiser vos idées, les bons outils numériques peuvent améliorer significativement votre efficacité.

En somme, un environnement d'écriture bien pensé est un investissement dans votre pratique d'écriture. Il crée un sanctuaire où votre créativité peut s'épanouir et où l'habitude d'écrire peut se renforcer jour après jour.

Chez vous ou Ailleurs ?

Certains écrivains fonctionnent au mieux chez eux, dans un environnement familier. Certains trouvent que l'écriture à la maison les distrait, puisqu'ils doivent ignorer le linge qui crie qu'il faut qu'on le plie ☺ et les enfants qui se disputent de l'autre côté de la maison. Certains écrivains aiment le bruit de fond des restaurants. D'autres trouvent que les conversations environnantes les distraient.

Vous pourriez arranger un endroit particulier dans votre maison pour l'écriture. J'ai créé deux endroits pour l'écriture chez moi — un pour le conseil qui est du travail payant et l'autre pour la création littéraire. Avoir deux places me permet de séparer les deux types d'écriture. Je ressens un changement d'état et de concentration quand j'entre dans mes endroits « sacrés » d'écriture chez moi.

Option #1 : Chez vous

Explorez les options suivantes si vous souhaitez écrire à la maison :

- Un bureau officiel.
- Un bureau caché dans un coin isolé de votre maison.

- La véranda (ou la terrasse de derrière).
- Une partie de votre chambre à coucher.
- Transformer un dressing en un espace d'écriture.
- Utiliser une cloison mobile pour séparer un espace d'écriture.

Vous pourriez aussi décorer votre espace d'écriture. Il pourrait inclure :

- Une liste d'affirmations d'écriture.
- Des citations d'écrivains accomplis.
- Des photos ou des citations d'experts dans la rubrique que vous travaillez.
- Un story-board de votre intrigue ou un plan de votre livre.
- Des idées en photo des personnages de votre livre.
- Des photos d'écrivains qui vous inspirent.

Vous pourriez également collecter des totems qui vous inspirent. Mettez-les en place dans votre bureau avec tous les outils d'écriture dont vous pourriez avoir besoin. Je garde des notes autocollantes, un organisateur, des stylos de qualité et une agrafeuse à côté de mon bureau.

Pourquoi ? Parfois, j'imprime des informations que j'ai trouvées en ligne. J'ai besoin d'un endroit pour garder le matériel et sur lequel je puisse écrire, prendre des notes et le maintenir organisé pour que tout soit facilement accessible, mais qui ne me distrait pas. Je ne garde aucun matériel superflu sur mon bureau, que du matériel d'écriture uniquement — ainsi je ne suis jamais tenté d'effectuer des recherches à propos d'un débit sur ma carte de crédit ou de me perdre dans le courrier indésirable. Je suis un geek mais pour m'organiser , j'aime bien avec du papier, l'étaler, bouger , réorganiser...

Option #2 : Ailleurs

Explorez les options suivantes si vous aimez écrire loin de votre maison :

- Des cafés, bistrots, librairies, salons de thé, Mac Do.
- Des lieux publics comme un parc.

Vous aurez intérêt à remplir votre housse de portable avec des éléments essentiels pour écrire pendant vos excursions d'écriture. Quand j'écris hors de ma maison, j'apporte un ordinateur portable, mon plan, des notes aléatoires et beaucoup de stylos. Vous devriez peut-être apporter plus d'outils d'écriture avec vous si vous avez tendance à les utiliser.

Certains écrivains apportent un totem avec eux partout où ils vont, juste pour se mettre dans l'ambiance pour écrire. Vous pourriez vouloir conserver un porte-bonheur ou un élément symbolique sur votre bureau qui puisse être transporté avec vous lorsque vous écrivez à l'extérieur de la maison.

Comment Choisir un Emplacement

Lorsque vous essayez de nouveaux endroits, n'oubliez pas d'en faire le suivi sur votre fichier Excel afin que vous puissiez mesurer la productivité par emplacement. Vous pourriez vous « sentir » davantage comme un écrivain quand vous êtes dans un café local, mais en fait avancer plus sur votre écriture quand vous êtes seul dans votre bureau. La clé est de trouver ce qui fonctionne pour vous, pas ce que les autres personnes suggèrent.

Vous voudrez probablement établir deux endroits comme vos emplacements d'écriture — l'un à la maison et l'autre hors de la maison. Cela vous aidera à faire preuve de souplesse pour les jours où vous ne pourrez pas sortir de la maison ou les jours où votre maison contiendra une tripotée de membres de famille chahuteurs.

Un piège à éviter...

Avertissement : Ne vous permettez pas de devenir dépendant d'un seul endroit. Si vous le faites, vous prenez le risque de développer la mentalité de ne pouvoir écrire qu'en un seul endroit spécial.

Cela m'est arrivé lorsque je me suis engagé à écrire dans mon café du coin, tous les jours. J'ai arrêté d'écrire partout sauf dans ce café, ce qui freinait ma capacité à écrire tous les jours. J'ai dû réentraîner mon cerveau pour écrire dans n'importe quel endroit. Une bonne habitude pour l'écriture est celle de pouvoir ouvrir votre ordinateur portable et travailler *n'importe où.*

VOTRE NOUVELLE HABITUDE

Une fois que vous aurez choisi un emplacement (ou deux,) faites-en votre emplacement régulier d'écriture. Ajoutez-le à votre emploi du temps quotidien.

Par exemple, vous pourriez vous dédier à l'écriture au salon de thé local, à côté de votre bureau de travail, de 7h00 à 8h00 chaque jour, juste avant de vous rendre à votre travail, que vous commencez à 08h30, du lundi au vendredi. Le week-end, vous vous vouez à l'écriture de 9h00 à 10h00 dans votre bureau à domicile.

Habitude 6 : Minimiser les Distractions et les Interruptions

Vous pourriez penser que les interruptions n'ont pas beaucoup d'importance, mais elles en ont certainement si vous avez peu de temps pour écrire chaque jour. L'écriture demande de la concentration.

Le Coût des Interruptions

Chaque fois que vous êtes interrompu, vous perdrez quelques minutes. C'est parce que vous perdez votre train de pensée et puis vous devez revenir au projet avec une pensée du type « *J'en étais où ?* ». Des études affirment qu'il faut de 5 à 25 minutes pour retrouver le niveau de concentration que vous aviez avant de se faire interrompre. Cela va en fonction du niveau d'interruption et du niveau de concentration nécessaire pour effectuer une tâche.

Quand vous avez seulement à peu près une heure par jour pour faire des progrès, vous devez garder ce moment sacré. Cela signifie que vous devrez assumer la responsabilité de prévenir les interruptions ou les distractions.

9 Façons de Minimiser les Distractions

Essayez les stratégies suivantes pour minimiser les distractions :

1. Travaillez dans un endroit calme ou un endroit où il est facile pour vous de bloquer les actions d'autrui.

2. Discutez avec vos colocataires, votre couple et/ou les enfants à propos de votre temps d'écriture. Soyez clair sur le fait que vous ne devez pas être dérangé, sauf s'il existe une véritable situation d'urgence.

3. Éteignez votre téléphone ou mettez le en mode avion.

4. Travaillez hors ligne (donc vous ne serez pas tenté de surfer le web ou de disgresser).

5. Débranchez-vous du courriel.

6. Mettez une affiche sur la porte de votre bureau du style : « Ne pas déranger jusqu'à ____ heures. »

7. Dites à la serveuse/serveur que vous travaillez et que vous n'aurez pas besoin de quoi que ce soit — Assurez-lui que vous l'appellerez si vous avez besoin de quelque chose.

8. Dites aux voisins ou amis qui s'arrêtent pour vous saluer, que vous travaillez et êtes forcé de respecter un délai et ne pouvez pas parler en ce moment.

9. Engagez-vous à continuer jusqu'à ce que vous ayez travaillé un bloc de temps défini.

VOTRE NOUVELLE HABITUDE

> *Préparez-vous pour la réussite.*
> *Décrivez votre engagement à celui qui pourrait être tenté de vous interrompre. Installez-vous dans votre lieu sacré et utilisez tous les outils choisis parmi les listes précédentes (affiches, écouteurs, etc.) pour vous concentrer sur l'écriture pendant votre « Power Hour » chaque jour.*

Habitude 7 : Créer un Cadre Défini

Les écrivains accomplis savent que le blocage de l'écrivain vient d'une incertitude quant à ce qu'il faut écrire. Les meilleurs auteurs n'ont jamais fait face à ce problème parce qu'ils créent des processus spécifiques qui l'empêchent de se produire. Vous aurez besoin de mettre en place un cadre qui appuie votre écriture avant même de s'asseoir pour écrire.

Par exemple :

- Les écrivains de Non-fiction et les blogueurs tracent des plans.
- Les écrivains de fiction écrivent l'intrigue de leurs histoires.
- Les scénaristes utilisent des tempos, des scènes et des actes.

Je sais il y a beaucoup d'écrivains qui affirment qu'ils travaillent mieux sans plan. C'est peut-être vrai pour eux, mais les écrivains ont souvent besoin d'une sorte de cadre sur lequel s'appuyer. Bon, OK en tout cas, c'est vrai pour moi ☐

Importance des Objectifs Clairs

Des objectifs bien définis agissent comme des balises lumineuses dans le processus d'écriture. Ils offrent une structure et un but, ce qui est particulièrement utile lors des jours où la motivation peut fléchir. Ces objectifs peuvent varier : rédiger un certain nombre de mots, achever un chapitre, réviser une section spécifique, ou même simplement organiser ses idées pour le prochain chapitre.

Objectifs Réalisables

Il est crucial que ces objectifs soient réalisables. Des objectifs trop ambitieux peuvent mener à la frustration et au sentiment d'échec. Il est préférable de fixer des objectifs plus petits et plus gérables, qui peuvent être atteints régulièrement. Cela crée un sentiment d'accomplissement et maintient l'élan créatif.

Planification et Flexibilité

Planifier vos objectifs à l'avance peut grandement améliorer votre productivité. Cela peut se faire au début de chaque semaine ou de chaque mois, en fonction de la nature de votre projet. Cependant, il est important de rester flexible. L'écriture est un processus créatif, et parfois, il faut savoir s'adapter et réajuster ses objectifs en fonction de l'évolution du travail.

Un cadre vous aide également à rester sur la tâche car :

- Vous ne perdrez pas de temps à vous demander quel sera le meilleur sujet à développer ensuite. Vous n'écrirez pas un tas de choses qui ne comptent pas vraiment, juste pour écrire quelque chose.

- Vous ne perdrez pas de vue l'image générale.
- Vous écrirez du contenu qui est logique, se connecte bien et suit un chemin logique.

Cet ouvrage, par exemple, a commencé comme une liste à puces. Ces puces ont été organisées en chapitres. J'ai étoffé ces chapitres, mais la partie de la rédaction du projet a été facile parce que j'avais déjà décidé ce qui devait être abordé et quand le faire. J'ai déplacé des chapitres et des paragraphes quand ils étaient encore sous forme de puce. Avant, j'aurais investi beaucoup de temps et d'énergie pour écrire ce livre.

Écrire l'intrigue et élaborer le plan sont des activités si importantes que nous les étudierons de façon plus approfondie dans un chapitre ultérieur.

Lors de sa révision, j'ai procédé de la même manière, avec un plan, des étapes et je n'ai eu qu'à les suivre.

VOTRE NOUVELLE HABITUDE

> *Forcez-vous à décrire ou tracer le plan de votre livre avant d'en commencer l'écriture. Ne le remettez pas à plus tard. Soyez prêt à passer au moins un jour ou deux pour déterminer ce que vous allez dire avant de vous asseoir et commencer à écrire.*

Habitude 8 : Se Concentrer sur de Petits Projets d'Écriture (au commencement)

"Écrivez une nouvelle chaque semaine. Il n'est pas possible d'écrire 52 histoires mauvaises d'affilée."~ Ray Bradbury

C'est tentant de s'attaquer à un objectif énorme, comme l'écriture du livre qui sera l'autorité ultime sur un sujet ou « Le Grand Dictionnaire du 21° siècle. »

Le problème avec cet état d'esprit est le suivant : la plupart d'entre nous n'ont pas l'endurance nécessaire pour achever un projet énorme. Pas au premier essai (ni au deuxième d'ailleurs…). Nous avons besoin de connaître le succès en chemin ou nous nous essoufflons.

Écrire un roman, un scénario ou un grand ouvrage non-romanesque est très difficile. Les livres énormes deviennent difficiles à manier. En écrire l'intrigue ou élaborer le plan est très dur. Ils exigent habituellement beaucoup de temps et d'énergie mentale pour pouvoir les terminer. Il est difficile de vous sentir motivé lorsque vous travaillez sur le même projet pendant toute une année. Beaucoup de gens trouvent que les grands projets les épuisent mentalement et moralement.

Par où commencer ?

Au lieu d'essayer d'écrire le « *Guerre et Paix* » moderne, créez-en de petits morceaux et puis utilisez-les pour évoluer vers des projets plus importants.

EXEMPLES :

- Si vous voulez écrire un scénario, n'essayez pas de créer le prochain *Titanic*. Au lieu de cela, faites ce petit film indépendant que les gens adorent.
- Écrire des nouvelles ou un roman court avant de vous attaquer à un roman complet. Il n'y a aucune honte à publier une poignée de nouvelles ou à auto-publier un roman plus court. En fait, cela vous donnera une chance de savoir quel support vous convient le mieux tandis que vous perfectionnerez vos techniques de rédaction.
- Au lieu de tenter de remplir tout un site Web de matériel de valeur, essayez de bloguer deux à trois fois par semaine ou de vous attaquer à une page web par jour.
- S'attaquer à un ebook court, sur un sujet que vous connaissez bien avant de prendre un ebook plus long ou plus avancé qui demandera beaucoup de recherches et citer

beaucoup de sources.

Gardez un Œil sur l'Objectif Final

N'oubliez pas, vous essayez de créer une habitude d'écriture durable. Si vous vous engagez dans un projet trop intimidant, vous :

- Vous épuiserez avant de terminer.
- Vous perdrez dans les détails.
- Perdrez l'intérêt dans le sujet.
- Éventuellement écrirez quelque chose qui sera tellement compliqué ou complexe qu'elle ne sera pas vendable.
- Potentiellement abandonnerez l'écriture en général.

Au lieu de cela, votre but est de créer l'élan en acquérant une habitude d'écriture où vous <u>atteignez toujours la ligne d'arrivée</u>.

En définissant et atteignant de petits objectifs, vous allez construire pour atteindre des objectifs plus larges. Vous pourriez même enchaîner les petits projets pour créer un grand livre— tout cela fait sens et fonctionne.

VOTRE NOUVELLE HABITUDE

Divisez les grands objectifs en petits projets réalisables avec des délais raisonnables. Faites la fête quand vous terminez chaque petit projet.
Lisez les commentaires des autres et utilisez-les pour vous guider sur le chemin de ce que vous créerez ensuite.

Habitude 9 : Tirer Profit de l'Écriture.

L'épreuve ultime d'un travail écrit consiste à demander aux gens de payer pour cela. Rien n'égale l'émotion d'obtenir ce premier chèque ou de faire la première vente.

La compensation monétaire renforcera votre habitude d'écriture et vous propulsera dans les projets suivants, nourrissant une motivation interne à continuer à écrire. Si vous pouvez établir une relation positive qui relie votre habitude quotidienne d'écrire à faire de l'argent (ou à un autre objectif mesurable, comme la quantité de lecteurs que vous avez), vous serez plus susceptibles de terminer votre projet d'écriture et de continuer à écrire.

J'ai gagné de l'argent avec mes mots de plusieurs façons, donc je peux attester que c'est un modèle d'affaires viable. Voici quelques idées pour stimuler votre créativité :

Idée #1 : S'auto-Publier

Le meilleur moyen que j'ai trouvé pour générer des revenus de l'écriture est de m'auto-publier. Maintenant, ne vous méprenez pas. Je ne dis pas que c'est facile de gagner de l'argent avec des œuvres auto-publiées.

Il y a beaucoup à faire, du formatage et de la promotion de votre travail, pour avoir des lecteurs assidus et une réputation — mais c'est beaucoup plus facile aujourd'hui qu'il y a une dizaine d'années. Les outils dont vous avez besoin sont facilement disponibles, et les compétences nécessaires sont faciles à acquérir. Vous avez juste besoin de mettre la main sur un bon guide et faire le travail nécessaire pour que votre livre soit publié et remarqué.

Kindle est mon véhicule préféré pour l'autoédition. Comme j'ai mentionné précédemment, j'ai publié 78 livres, et je vais continuer à développer cette bibliothèque. En ce moment, Amazon est le premier lieu pour publier rapidement, obtenir l'avis des clients et affiner votre processus d'écriture.

Vous pouvez construire une entreprise viable en ligne, mais il y a beaucoup de requins dans ces eaux. Ma suggestion est de vérifier le contenu gratuit sur ces sites et vous renseigner avant d'investir de l'argent. De cette façon, vous saurez si un programme ou un outil spécifique vaut l'investissement.

Idée #2 : L'Écriture Freelance

L'écriture Freelance est un modèle d'affaires que beaucoup utilisent pour faire de l'argent avec leurs mots. Au lieu de développer un site Web à partir de zéro, vous construisez une base de données de clients qui vous embauchent pour créer des blogs, des articles et des ebooks.

L'écriture freelance offre une flexibilité et une diversité de projets qui peuvent être particulièrement attrayantes pour les écrivains cherchant à monétiser leur talent. Dans ce domaine, les opportunités sont vastes et variées.

Pour réussir en tant qu'écrivain freelance, il est essentiel de développer un portefeuille solide qui met en valeur votre style d'écriture et vos domaines d'expertise. Cela peut impliquer la rédaction d'articles sur des sujets qui vous passionnent ou la collaboration avec des petites entreprises locales pour créer leur contenu web. Une présence en ligne forte, à travers un blog personnel ou des profils sur des plateformes de freelancing comme Upwork ou Fiverr, peut également aider à attirer des clients potentiels.

La clé du succès en freelance réside dans la capacité à s'adapter aux besoins variés des clients tout en maintenant une qualité de contenu élevée. Cela implique souvent de travailler sur des délais serrés et de savoir gérer efficacement son temps pour jongler entre différents projets. Avec de la persévérance et un engagement envers l'apprentissage continu, l'écriture freelance peut devenir une source de revenus stable et gratifiante pour les écrivains.

Idée #3 : La Publication Traditionnelle

Si vous avez écrit une œuvre de fiction et n'êtes pas sûr de vouloir aborder l'autopromotion nécessaire pour gagner de l'argent avec votre travail, proposez votre travail à une revue (pour des nouvelles ou des poèmes), concours, agent ou un éditeur littéraire.

Vous aurez besoin de connaître quel est le bon format pour la soumission.

VOTRE NOUVELLE HABITUDE

Développez une attitude efficace envers votre écriture.
N'attendez pas l'inspiration. Traitez-la comme un emploi où vous faites des efforts, obtenez des résultats et avec un peu de chance, faites de l'argent.
Croyez-moi, il n'y a rien de plus motivant que de voir les revenus de vos écrits sur votre relevé de compte.

Habitude 10 : Se Concentrer sur un Projet à la Fois

Si vous êtes comme moi, vous avez beaucoup de projets qui tournent dans votre tête. Vous aimeriez construire une douzaine de sites, écrire plusieurs livres, gérer plusieurs newsletters. Vous aimez des sujets divers et voulez écrire sur chacun d'eux — dès maintenant.

Le problème est le suivant : la plupart des écrivains trop ambitieux se retrouvent avec un tas de projets écrits à moitié au lieu d'une poignée de travaux réalisés.

Se concentrer sur un seul projet à la fois est une stratégie essentielle pour tout écrivain souhaitant produire un travail de qualité et maintenir une bonne productivité. Dans un monde où les distractions sont omniprésentes et où l'on est souvent tenté de jongler entre plusieurs tâches, cette approche ciblée présente de nombreux avantages.

Importance de la Concentration

La concentration sur un seul projet permet une immersion totale dans le sujet ou l'histoire. Cela favorise une compréhension plus profonde des personnages, des thèmes et de la structure narrative. Lorsque l'attention n'est pas divisée, l'écrivain peut explorer plus en profondeur chaque aspect de son travail, ce qui enrichit le contenu et rend l'écriture plus cohérente et captivante. Consacrez du temps à l'approche Deep Focus pour aller plus loin ce sujet.

Éviter l'Éparpillement

Le travail sur plusieurs projets simultanément peut mener à un éparpillement et à une diminution de la qualité. Chaque projet d'écriture demande un investissement mental et émotionnel significatif. En se dispersant, l'écrivain risque de ne pas donner le meilleur de lui-même sur aucun des projets. De plus, cela peut augmenter le stress et la frustration, surtout lorsque les progrès sur chaque projet semblent lents.

Gestion du Temps et Productivité

Se concentrer sur un seul projet à la fois permet une meilleure gestion du temps. Plutôt que de sauter d'un projet à l'autre, l'écrivain peut planifier des sessions d'écriture plus structurées et efficaces. Cela aide également à maintenir un rythme de travail régulier, essentiel pour achever un projet dans les délais prévus.

Approfondissement et Qualité

Lorsqu'un écrivain se consacre entièrement à un projet, il a l'opportunité de l'approfondir. Cela peut impliquer des recherches plus poussées, une exploration plus détaillée des personnages ou une expérimentation avec le style et la forme. Cette immersion peut conduire à une qualité d'écriture supérieure, car l'écrivain est pleinement engagé dans son travail.

Satisfaction et Accomplissement

Il y a une grande satisfaction à voir un projet aboutir. En se concentrant sur un projet à la fois, l'écrivain peut suivre son évolution de près et ressentir un sentiment d'accomplissement à chaque étape franchie. Cela est particulièrement gratifiant lorsque le projet est enfin terminé et prêt à être partagé avec le monde.

Prendre des notes sur les autres idées

Prendre des notes sur d'autres idées tout en restant concentré sur le projet en cours est une technique efficace pour gérer la créativité débordante sans se laisser distraire. Souvent, lorsqu'on travaille sur un projet spécifique, l'esprit peut vagabonder et générer de nouvelles idées, parfois même passionnantes et tentantes. Au lieu de les ignorer ou de se laisser détourner, l'astuce consiste à les capturer dans un carnet dédié ou un fichier numérique.

Ce processus de capture d'idées a plusieurs avantages. D'abord, il assure que ces idées ne sont pas perdues. Cela peut être une source précieuse d'inspiration pour de futurs projets. Ensuite, cela permet de libérer l'esprit de l'encombrement mental, sachant que l'idée est enregistrée et pourra être explorée ultérieurement. Cela aide à maintenir la concentration sur le projet actuel sans la crainte d'oublier une autre idée potentiellement brillante.

De plus, ce système de prise de notes peut servir de mécanisme de filtrage. En revenant à ces idées après avoir terminé le projet en cours, vous pouvez les évaluer avec un regard neuf et décider lesquelles méritent d'être développées. Cette approche permet de maintenir un flux créatif constant tout en assurant une concentration et une dévotion complètes au projet en cours, optimisant ainsi la productivité et la qualité de l'écriture.

Créer un Modèle de Production

La plupart des écrivains créent un **modèle de production** qui leur permet de finir un projet après l'autre. Ils maintiennent ce modèle, même s'ils sont soudainement inspirés pour démarrer un nouveau projet. Pourquoi ? Parce qu'ils comprennent la valeur d'un projet achevé.

Comparez ce qui suit...

Option A : 15 projets Incomplets / Faits à la moitié
- Ne peuvent pas être vendus aux lecteurs ou clients.
- Ne peuvent pas être présentés aux agents ou aux éditeurs.
- Vous ne pouvez pas vous détendre et arrêter de penser à ces projets.

Option B : Trois Projets Complétés

- Probablement en tirer de l'argent, même si c'est juste une petite quantité à partir de chacun d'eux.
- Avoir quelque chose de professionnel à présenter aux agents ou aux éditeurs, à publier sur Amazon ou inclure dans votre portefolio.
- Vous pouvez vous concentrer sur un seul projet, lui donnant toute votre attention.

Lequel pensez-vous être le modèle le + durable ?

Évidemment, vous serez plus motivé à vraiment écrire tous les jours si vous avez complété des travaux auxquels vous pouvez faire référence. Chaque projet fini soutiendra votre confiance. Chaque projet fait à moitié érodera votre motivation.

L'importance de Grouper Plusieurs Projets

Dans une situation idéale, vous travaillez sur un projet, le finissez complètement et ensuite passez à un autre projet. Cependant, je me rends compte que certains projets conduisent naturellement à plusieurs autres projets.

EXEMPLES :

- **Si vous écrivez un eBook**, vous aurez probablement envie de créer un site Web pour prendre en charge la vente de cet eBook. Le site demandera de vous l'écriture de pages web statiques. Vous voudrez aussi probablement écrire des articles de blogs pour générer du trafic vers le site Web. Si vous êtes intelligent, vous trouverez probablement aussi un moyen de recueillir des adresses e-mail des personnes qui visitent votre site et ensuite atteindre ces personnes par le biais de campagnes d'emailing.

- **Si vous écrivez un roman**, vous aurez probablement besoin de maintenir un blog et site d'auteur. Vous devrez également interagir via les médias sociaux, écrire des articles sur une page Facebook et Twitter.

Probablement, vous ne pourrez pas simplement oublier votre premier projet achevé et passer à l'ebook ou au roman numéro deux.

Lorsque vous avez besoin de réaliser des projets multiples, groupez-les en segments réalisables. Aborder chaque segment un à la fois, ainsi vous pourrez terminer un segment avant de passer à un autre.

EXEMPLES :

Si vous avez besoin d'écrire un autre ebook, des articles de blog pour votre site Web et des autorépondeurs (pour les campagnes d'email), vous pourriez définir une planification qui ressemble à ceci :

> •Écrire et afficher des articles de blog (pour le mois — vous n'avez qu'à programmer leur publication pour des dates ultérieures) au cours de la première semaine du mois.
> • Écrire et programmer les messages de l'auto-répondeur au cours de la deuxième semaine du mois.
> • Écrire l'ebook au cours des semaines 3 et 4.

Grouper des Petits Projets
Ceci devient vraiment difficile quand vous avez besoin de passer d'un projet unique à l'autre.

Disons que vous avez écrit un roman et que vous devez écrire tous les supports (pages web, articles de blog, contenu de média sociaux) à l'appui de ce roman, et maintenant vous travaillez sur une série de nouvelles. Vous pourriez ressentir de la contradiction dans tous ces contenus pour pouvoir terminer un projet.

C'est ici où grouper le contenu par sujet peut être utile. Vous voudrez travailler sur tous vos « trucs roman » pour la moitié du mois et ensuite mettre tout cela de côté alors que vous vous concentrez sur vos «

trucs nouvelle » pour les deux dernières semaines du mois. De cette façon vous groupez du contenu de telle façon que vous arrivez à penser aux mini-projets comme s'il s'agissait d'un seul projet. Ceci vous empêchera de vous sentir dispersé.

La même technique de groupement fonctionne bien pour les entrepreneurs qui ont plusieurs sites Internet en même temps. Peut-être que vous possédez plusieurs sites affiliés indépendants. Vous pourriez avoir un site Web qui s'adresse aux propriétaires de perroquet, un autre site qui parle aux mères qui travaillent et encore un autre qui s'adresse aux propriétaires qui aiment les projets de bricolage. Vous diviserez votre attention de façon de travailler sur tous les trucs de perroquet en une semaine, les mamans une autre semaine et les trucs de bricolage dans une troisième semaine.

Ce genre de groupement vous permettra de réfléchir sur un thème à la fois.

VOTRE NOUVELLE HABITUDE
Au lieu de sauter d'un projet à l'autre pour vous sentir inspiré, forcez-vous à terminer un projet (ou, au moins, un sous-ensemble de ce projet) avant de passer à un autre. Créez des limites distinctes pour pouvoir vous concentrer entièrement sur le projet à portée de main avant de commencer un autre projet.

Habitude 11 : Créer un État d'Écriture Plein d'Énergie

Une des choses dont vous avez besoin pour alimenter une habitude d'écriture durable est l'énergie. Certaines personnes imaginent que l'énergie va et vient tout simplement, que l'inspiration est un état éthéré. Ils se réfèrent même à cette énergie comme à une muse.

La bonne nouvelle est la suivante : il ne faut pas attendre que la muse apparaisse. Vous pouvez créer de l'énergie pour l'écriture en vous livrant délibérément à des activités simples qui apportent de l'énergie pour l'écriture. Vous voudrez également faire des modifications à votre style de vie qui augmenteront votre énergie de base. En faisant cela, vous trouverez que la motivation et l'enthousiasme sont à portée de main tous les jours.

10 Façons de Créer de l'Énergie pour Écrire

Essayez les stratégies suivantes :

1. Plongez dans votre sujet. Écoutez des podcasts sur le sujet, lisez des œuvres existantes et parlez aux gens à ce sujet. Les informations que vous glanerez seront une source d'inspiration.

2. Trouvez un partenaire d'écriture qui vous défie et vous inspire.

3. Relisez les parties de votre écrit dont vous êtes particulièrement fier.

4. Vérifiez vos records de ventes ou relisez votre contrat avec votre agent ou un éditeur.

5. Lisez des publications s'y rapportant.

6. Lisez dans votre genre. Par exemple, si vous voulez écrire des nouvelles, abonnez-vous *sur la toile* et lisez les morceaux de fiction.

7. Établissez un lien d'amitié avec un écrivain.

8. Postez des citations inspirantes dans votre espace d'écriture.

9. Exposez-vous à d'autres artistes ou experts dans votre domaine. Les romanciers peuvent trouver l'inspiration des musiciens ; les écrivains de non-fiction peuvent être enthousiasmés après avoir assisté à une conférence ou *MeetUp*.

10. Pensez à votre projet alors que vous vous endormez la nuit. Vous travaillerez sur votre projet pendant que vous dormez et vous réveillerez frais et dispos, et prêt à écrire !

Changements dans Votre Style de Vie qui Augmenteront votre Énergie de Base

Vous pourrez apporter les modifications suivantes à votre style de vie :

- Manger sainement. Votre régime alimentaire affecte votre niveau d'énergie. Si vous ne savez pas comment modifier vos habitudes alimentaires, cherchez l'aide d'un nutritionniste.
- Dormez une nuit complète tous les soirs. Il est difficile de bien écrire quand on a sommeil.
- Entraînez-vous régulièrement. L'exercice augmente le flux sanguin vers le cerveau, améliore votre capacité à vous concentrer et à penser clairement. Choisissez une forme d'exercice qui vous permet de réfléchir à vos projets.

Course, marche, vélo et natation sont tous parfaits pour les écrivains — vous pouvez tracer un chapitre ou travailler sur un plan lors de l'exécution de ces exercices car ils ne nécessitent pas beaucoup de mise au point ou d'une interaction avec d'autres personnes.

- Créez une routine de réveil le matin pour alimenter votre habitude d'écriture.

- Faites la sieste quand vous le pouvez.

Ne sous-estimez jamais la puissance de l'énergie par rapport à vos habitudes d'écriture. Oubliez la notion d'écriture style Hemingway, avec une bouteille de whisky à la main. Les écrivains les plus prolifiques comprennent l'importance de maîtriser un état positif et plein d'énergie.

VOTRE NOUVELLE HABITUDE

Explorez des façons d'améliorer votre niveau d'énergie.
Une fois que vous avez déterminé quelles activités vous dynamisent le plus, intégrez- les à une routine régulière.
N'hésitez pas à jouer avec des choses différentes pour voir ce qui fonctionne pour vous. Cela vous aidera à déterminer les activités qui vous laissent frais et dispos et prêt à écrire.

Habitude 12 : Taper sans Regarder le Clavier pour Augmenter la Vitesse de votre Écriture

Combien de doigts utilisez-vous pour taper ? Deux doigts ? Quatre ? Six ? Combien d'erreurs faites-vous dans une phrase type ? Si vous tapez avec deux doigts, il est temps d'apprendre à taper à dix doigts.

Il y a plusieurs raisons pour lesquelles la méthode à deux doigts n'est plus suffisante :

- Les dactylos à 10 doigts peuvent produire, en moyenne, 40 mots par minute.
- Les dactylos à 2 doigts produisent 25 mots par minute.
- Les bons dactylos à 10 doigts produisent plus de 60 mots par minute. Évidemment, quand vous n'avez pas beaucoup de temps, le plus vite sera le mieux.

Les dactylos à 10 doigts font moins d'erreurs aussi. Ceci est important car :

- La correction des erreurs est frustrante.
- La correction des erreurs ruine votre train de pensée et diminue votre productivité.
- La correction des erreurs prend du temps.

Cours de Dactylo ? ça va pas ? !

Si votre première réaction était de gémir et de sauter ce chapitre, vous devrez probablement relever ce défi. Prenez le temps aujourd'hui de :

- Vous chronométrer lors de la frappe.
- Compter combien d'erreurs vous faites dans votre test de dactylographie d'une minute.
- Considérer combien produiriez-vous de plus chaque année si vous releviez ce défi.

Il ne faut pas s'inscrire dans un cours de collège pour apprendre à taper avec dix doigts. Il y a plusieurs logiciels disponibles qui vous apprendront comment le faire. Je vous donne un exemple, Typing Club , programme gratuit, progressif et simple à utiliser.

Avez-vous Essayé avant et Échoué ?

Avez-vous essayé d'apprendre à taper à dix doigts dans le passé, mais vous avez échoué ? Acceptez le Challenge 8 Jours et consacrez le mois prochain à développer cette habitude :

VOTRE NOUVELLE HABITUDE

Refusez de taper avec deux doigts plus longtemps. Forcez-vous à taper à dix doigts — même si c'est pour écrire votre correspondance personnelle — jusqu'à ce que vous le fassiez bien.

Bien sûr, vous pourriez perdre quelques heures d'écriture pour apprendre cette habitude, mais cet investissement en vaut la peine. Vous allez largement récupérer le temps perdu lorsque vous deviendrez un dactylographe expérimenté.

Habitude 13 : Développer l'Enthousiasme pour Vos Projets

L'enthousiasme est extrêmement important pour votre habitude d'écriture. Si vous n'êtes pas vraiment intéressé par le sujet, vous ne produisez pas beaucoup de mots. Votre esprit devrait déborder d'idées liées à votre projet. Si vous vous ennuyez ou remettez les choses au lendemain, vous devriez explorer de nouvelles façons d'augmenter votre enthousiasme.

Est-ce que celui-ci est le projet correct ?

Si vous ressentez l'écriture comme une corvée, posez-vous ces trois questions :
Q1 : Est-ce que je travaille sur le bon projet d'écriture ?
Q2 : Existe-t-il un autre sujet sur lequel je suis plus passionné ?
Q3 : Ce projet pourrait-il être restructuré en autre chose - quelque chose qui me séduit davantage ?

Vous pourriez découvrir que vous avez un enthousiasme plus naturel si vous changez le focus de votre projet. Vous découvrirez peut-être que vous êtes enthousiasmé par l'enseignement d'une activité spécifique, mais vous vous ennuyez lors des recherches sur l'histoire du sujet ou de ses aspects théoriques. Inversement, vous pourriez réaliser que vous aimez l'idée générale ou les concepts mais n'êtes pas bon dans la description des guides pratiques.

EXEMPLE :

Supposons que vous créez un site Internet sur des conseils de jardinage et vous retrouvez coincé chaque fois que vous tentez d'écrire sur les clôtures ou les insectes nuisibles. En revanche, vous êtes intéressé à parler sur ce type de plantes qui se développe dans votre région. Peut-être pourriez-vous diriger votre site vers ce sujet ultra spécifique.

Vous pourriez également vous rendre compte que vous avez pris un sujet trop large. Si vous voulez écrire un roman et perdez l'endurance, envisagez de le décomposer en plusieurs nouvelles, qui se connectent entre elles. Cherchez des moyens de raccourcir, modifier ou réorganiser votre projet pour en faire quelque chose qui vous enthousiasme.

7 Façons de Cultiver l'Enthousiasme

Dans de nombreux cas, il suffit de nourrir votre enthousiasme. Considérez votre passion comme une petite flamme vacillante à l'intérieur de votre inconscient. Chaque donnée est comme un petit morceau de bois. Nourrissez le feu et il se développera.

Vous aurez intérêt à faire quelques-unes des activités suivantes pour nourrir votre enthousiasme :

- Rencontrer des experts dans votre domaine.
- Regarder des webinaires ou des vidéos sur votre sujet.
- Regarder des films sur votre sujet.
- Lire des livres qui sont associés à votre sujet.
- Vous abonner aux blogs d'autres personnes qui en connaissent beaucoup.
- Chercher des moyens d'essayer des idées ou des théories incluses dans votre livre.
- Faire que votre sujet soit aussi pratique et applicable à votre vie que possible.

Plus précisément, vous pouvez encore décomposer ceci en actions fondées sur le type d'écriture que vous aimeriez faire.

Les écrivains de fiction voudront :

- Rencontrer d'autres romanciers qui ont réussi (jeter un coup d'œil dans les groupes d'écriture, des ateliers, des conférences, des événements d'écriture).
- Interroger des gens qui sont comme les personnages dans leur livre (agents de police, analystes de l'ADN, des agents du FBI, etc.).
- Lire la fiction qui les inspire.

- Regarder des films qui ont le même feeling que leur livre.

Les écrivains de non-fiction voudront :

- Rencontrer des experts qui connaissent le sujet.
- Faire des expériences (par exemple, Tim Ferriss, l'auteur de *Four Hour Body* et *The Four Hour Workweek*, a essayé différents produits et techniques, tenant des registres des résultats afin de pouvoir écrire avec autorité).
- Visiter les sites de travail, les laboratoires de recherche et les sites historiques.
- Expérimenter autant que possible eux-mêmes.

Plus vous vous plongez dans le thème, plus vous développerez l'enthousiasme pour améliorer la qualité de votre écriture.

VOTRE NOUVELLE HABITUDE

Plongez dans votre thème.
Utilisez tous vos sens pour explorer votre sujet et alimentez le feu de votre enthousiasme.
Expérimentez vos projets d'écriture pour vous assurer que vous faites ce que vous aimez.

Habitude 14 : Tenir un Carnet à Idées

Avez-vous eu des idées quand vous ne pouvez pas écrire ? Que se passe-t-il lorsque vous ne les notez pas ? Habituellement, elles vont disparaître de votre tête.

La clé pour générer des idées continuellement consiste à utiliser les stimulations *externes*. Vous pouvez être inspiré par un tableau que vous voyez ou une interaction entre deux personnes à l'épicerie. Vous pourriez réaliser que vos principes de marketing sont tous faux une fois que vous voyez une bonne publicité à la télévision, ou tout en discutant un sujet avec un ami.

Certains d'entre nous ont besoin de passer du temps à faire ce qu'on appelle communément une « activité de flux » afin que les idées prennent forme. Les activités de flux sont des activités qui permettent à votre subconscient de travailler sur une pensée.

Ce sont généralement des activités répétitives et ne nécessitent pas beaucoup de concentration, comme tondre la pelouse, faire un voyage par la route ou peindre une chambre.

C'est pourquoi vous obtenez de bonnes idées lors d'une promenade à pied ou à vélo. D'autres parmi nous trouvent des idées sous la douche, au travail ou pendant le sommeil. Vous pouvez vous réveiller avec une idée au milieu de la nuit... mais réalisez que vous n'avez pas l'énergie nécessaire pour écrire un chapitre ou une scène.

C'est pourquoi vous avez intérêt à commencer un **carnet à idées**, pour griffonner chaque pensée possible.

Pourquoi les Carnets à Idées Marchent

Vous pourriez penser c'est un peu ringard de tenir un carnet à idées, mais vous serez étonné de voir combien c'est utile. Dès que vous notez une idée, vous trouverez souvent qu'il y a une deuxième, voire troisième et quatrième idée attachée à cette première idée. Parfois la prise d'une seule note va se transformer en une mini séance de brainstorming, résultant en une scène entière ou un chapitre.
Il est également très utile de capturer une ressource ou une idée. Ce qui aurait pu s'être évaporé, peut maintenant être transformé en un solide point pratique ou chapitre.

Comment Faire du Carnet à Idées Une Habitude Régulière

Vous ne voudrez sans doute pas transporter partout un gros vieux carnet, mais vous serez en mesure de faire la prise de notes une habitude si vous investissez dans un carnet de poche ou une

application pour ordinateur portable ou téléphone mobile. Un carnet à idées fonctionne si vous :
- Le transportez partout où vous allez.
- Y ajoutez des idées constamment.
- Vous y reportez au moins une fois par mois.
- Vous engagez délibérément dans des activités qui suscitent des idées pour vous.

Je trouve que l'exercice est une de mes meilleures activités pour remuer les idées. Je fais de la marche à pied presque tous les jours — parce que c'est bon pour moi physiquement, bien sûr, mais aussi parce que c'est bon pour mes projets. J'ai des idées presque à chaque fois que je fais des exercices. J'ai en fait une habitude, de griffonner des idées après ou pendant chaque marche.

Utilisez Les Outils Corrects

En plus d'un carnet de notes de poche, vous aurez besoin d'outils en ligne.
Lorsque vous effectuez des recherches sur Internet, gardez des notes à l'aide d'Evernote : http://www.evernote.com/

Evernote est une ressource en ligne qui vous permet de capturer des URL, des extraits de pages web et vos notes personnelles en ligne — pour toujours. Vous pouvez utiliser Evernote sur votre appareil mobile aussi, créant une compilation en ligne de toutes vos notes pour votre projet d'écriture.

Combinez vos recherches en ligne avec des idées en mode hors connexion à l'aide d'un carnet de notes Moleskine Evernote :

http://shop.moleskine.com/en-us/notebooks-journals/evernote/

Ceci est quelque chose que vous pouvez tester pour garder toutes les idées synchronisées en ligne et hors connexion en un seul endroit facile et accessible.

Vous pouvez aussi noter vos idées sur votre smartphone.

VOTRE NOUVELLE HABITUDE

Transportez votre carnet à Idées partout où vous allez.
Prenez l'habitude de griffonner des idées quand elles vous viennent à l'esprit. Ne remettez pas en cause ces pensées.
Même si quelque chose semble bête, prenez-en note car elle pourrait conduire à quelque chose d'incroyable.

Habitude 15 : Cultiver la Résilience Face aux Rejets

Dans le parcours de tout écrivain, la résilience face aux rejets est une compétence aussi cruciale que l'art de l'écriture elle-même. Le rejet, bien que souvent perçu négativement, peut être un puissant moteur de croissance et un catalyseur pour le succès futur. Cultiver une approche résiliente face aux refus est donc essentiel pour tout écrivain aspirant à réussir.

Apprendre de l'Échec

Chaque rejet est une occasion d'apprendre et de s'améliorer. Plutôt que de le voir comme un échec, il peut être utile de l'analyser objectivement. Quelles pourraient être les raisons du refus ? Y a-t-il des commentaires spécifiques qui peuvent être utilisés pour affiner votre travail ? Cette perspective permet de transformer les rejets en étapes constructives sur votre chemin d'écrivain.

Maintenir la Motivation

Le rejet répété peut peser lourd sur la motivation. Pourtant, il est crucial de maintenir une attitude positive. Se rappeler que de nombreux auteurs célèbres ont connu des rejets répétés avant de trouver le succès peut être source d'inspiration. L'histoire littéraire est remplie d'exemples d'œuvres aujourd'hui reconnues qui, à l'origine, n'ont pas trouvé leur public ou leur éditeur.

Transformer le Rejet en Résilience

La résilience face au rejet n'est pas innée ; elle se cultive. Cela implique de développer une peau épaisse et de ne pas prendre les refus personnellement. Chaque rejet doit être vu comme une étape vers le succès, un processus d'apprentissage qui vous rapproche de votre objectif.

VOTRE NOUVELLE HABITUDE

***Journal de Rejets** : Tenez un journal où vous notez chaque rejet, en incluant vos réflexions et les leçons apprises. Cela vous aidera à suivre vos progrès et à voir les rejets sous un angle constructif.*

***Cercle de Soutien** : Entourez-vous d'autres écrivains ou de mentors qui peuvent vous fournir des retours constructifs et un soutien émotionnel.*

Partager vos expériences avec des personnes qui comprennent votre parcours peut être extrêmement bénéfique pour maintenir la motivation.

Habitude 16 : Intégrer la lecture dans votre routine

L'intégration de la lecture dans la routine quotidienne d'un écrivain est un pilier fondamental pour enrichir sa propre écriture. Lire divers genres et analyser les techniques littéraires d'autres auteurs offre une source inépuisable d'inspiration et de connaissances. Cette habitude ne se limite pas à un simple passe-temps, mais constitue un exercice essentiel pour aiguiser et diversifier les compétences d'écriture.

Lire Divers Genres

La lecture d'une variété de genres littéraires expose l'écrivain à différentes formes de narration, de styles et de structures. Cela peut ouvrir l'esprit à de nouvelles idées, stimuler la créativité et offrir de nouvelles perspectives pour aborder l'écriture. Que ce soit la poésie, le roman policier, la science-fiction ou la non-fiction, chaque genre a quelque chose d'unique à offrir. Cette diversité enrichit le vocabulaire créatif de l'écrivain et élargit son horizon littéraire.

Analyse Critique

L'analyse critique des œuvres lues est un exercice enrichissant. En se concentrant sur le développement des personnages, le rythme narratif, le style et la structure, l'écrivain peut apprendre de précieuses leçons sur l'art de l'écriture. Cette pratique permet de comprendre les techniques qui fonctionnent bien et celles qui sont moins efficaces, offrant ainsi des idées pour améliorer sa propre écriture. L'analyse critique aide également à développer un œil pour les détails, un atout important pour tout écrivain.

Application Pratique

La lecture ne doit pas être passive. Elle doit être intégrée de manière active dans le processus créatif. En tirant des leçons des autres auteurs, l'écrivain peut expérimenter avec de nouvelles techniques dans son propre travail, testant ainsi ce qui fonctionne le mieux pour son style et sa voix unique.

VOTRE NOUVELLE HABITUDE

> ***Club de Lecture ou Groupe de Discussion :*** *Rejoignez ou créez un club de lecture où vous pouvez discuter et analyser des livres avec d'autres. Cela peut offrir de nouvelles perspectives et stimuler la discussion sur diverses techniques d'écriture.*
>
> ***Journal de Lecture :*** *Tenez un journal où vous notez vos réflexions sur les livres lus. Incluez des observations sur les techniques d'écriture qui vous ont marqué et réfléchissez à la*

manière dont vous pourriez les intégrer dans votre propre écriture.

Habitude 17 : Pratiquer la méditation et la pleine conscience

La méditation et la pleine conscience sont des pratiques puissantes qui peuvent transformer le processus créatif d'un écrivain. En cultivant la clarté mentale et la présence, ces techniques aident à surmonter les blocages d'écrivain, à stimuler la créativité et à maintenir un état d'esprit serein et concentré, essentiel pour une écriture fluide et réfléchie.

Méditation pour la Clarté Mentale

La méditation est un outil efficace pour améliorer la concentration et réduire le stress, deux éléments souvent à l'origine des difficultés rencontrées en écriture. En pratiquant régulièrement la méditation, les écrivains peuvent apprendre à calmer leur esprit, à éloigner les pensées distrayantes et à se concentrer pleinement sur leur travail. Cette pratique peut aider à clarifier les idées, à organiser les pensées de manière plus cohérente et à aborder l'écriture avec une perspective renouvelée.

Pleine Conscience et Créativité

Les exercices de pleine conscience aident à rester ancré dans le moment présent, une compétence précieuse pour les écrivains qui luttent contre les blocages créatifs. En étant pleinement présent, on devient plus réceptif aux détails subtils de l'environnement, aux émotions internes et aux idées spontanées qui peuvent tous alimenter l'écriture. La pleine conscience ouvre la porte à une exploration plus profonde de l'expérience humaine, enrichissant ainsi le contenu et la profondeur des écrits.

Application Pratique dans l'Écriture

L'intégration de la méditation et de la pleine conscience dans la routine d'écriture peut transformer la manière dont un écrivain interagit avec son travail. Ces pratiques aident à développer une relation plus intuitive et plus connectée avec le processus créatif, permettant aux idées de couler plus librement et de manière plus authentique.

VOTRE NOUVELLE HABITUDE

> ***Routine Quotidienne de Méditation** : Commencez ou terminez votre journée par une courte session de méditation. Même 10 minutes par jour peuvent avoir un impact significatif sur votre clarté mentale et votre concentration.*
>
> ***Exercices de Pleine Conscience Pendant l'Écriture** : Avant de commencer une session d'écriture, prenez quelques instants pour vous centrer avec des exercices de respiration ou de pleine conscience. Cela peut aider à établir une connexion plus profonde avec votre travail créatif.*

Habitude 18 : Créer un Processus d'Écriture

Cette habitude est la plus importante de toutes. J'ai même consacré le reste de ce livre à vous enseigner la façon d'élaborer un processus d'écriture qui soit fiable et reproductible.

Une fois que vous avez créé un processus qui peut se répéter à chaque fois que vous êtes assis devant l'ordinateur, vous trouverez que vous écrivez plus rapidement et plus facilement. Le processus d'écriture fera que compléter cette habitude soit facile et sans délai chaque jour.

Dans des conditions les plus élémentaires, votre processus d'écriture ressemblera à ceci :

- Plan
- Recherche
- Écriture ébauche
- Écriture 1er brouillon
- Écriture 2ème brouillon
- Edition
- Correction Définitive

Suivre ce processus vous aidera à éviter le blocage de l'écrivain. Pourquoi ? Le blocage se produit lorsque vous essayez d'accéder aux deux côtés de votre cerveau en même temps. C'est parce que vous avez :

1. Le côté créatif de votre cerveau. C'est le côté qui vous aide à penser aux intrigues, idées et points importants. Vous devrez accéder au côté créatif de votre cerveau lorsque vous écrivez votre plan et vos brouillons.

2. Le côté édition de votre cerveau. Cette partie de votre cerveau est critique et entrave souvent la production de travail créatif. Toutefois, il est essentiel pour le nettoyage de votre travail après l'avoir écrit.

Pourquoi Mettre en Place un Processus ?

Très peu d'auteurs peuvent écrire et corriger leurs travaux en même temps. Vous aurez besoin d'apprendre un processus qui vous permette d'éteindre votre cerveau éditeur alors que votre cerveau créatif met toutes les bonnes choses sur papier. Vous aurez envie d'arrêter votre cerveau créatif et laisser votre cerveau éditeur polir votre travail jusqu'à ce qu'il brille.

Un processus peut sembler un travail supplémentaire, mais c'est l'un des éléments clés d'une habitude d'écriture cohérente. Ce processus va vous apprendre comment arrêter votre cerveau critique lorsque vous faites le plan et écrivez les premières ébauches. Il va aussi vous apprendre à cesser de créer lorsque vous avez besoin d'éditer et de polir votre travail en quelque chose de vendable.

Comment Fonctionne le Processus ?

Chaque étape dans ce processus a un but :

1. **Plan** – C'est quand vous laissez votre cerveau créatif déverser toutes vos pensées à propos d'un sujet. Vous organiserez ensuite ces pensées dans un plan logique des idées pêle-mêle.

2. **Recherche** – Cherchez des liens, des citations, des définitions et des concepts qui soutiennent votre plan. Certaines personnes choisiront de faire une recherche avant de faire le plan, en utilisant les informations recueillies dans l'étape de la recherche dans le cadre de brainstorming au niveau du plan.

3. **Écriture ébauche** – Utilisation d'une stratégie d'écriture à flux de conscience juste pour mettre des mots sur la page. Ne vous inquiétez pas pour la grammaire, le flux, la structure ou l'orthographe.

4. **Écriture 1er brouillon** – Vous pourrez maintenant lire ce que vous avez écrit, faire une lecture de contenu (pas de grammaire.) Vous utiliserez ce brouillon pour réorganiser, ajouter du

matériel d'appui et veillez à ce que chaque chapitre soit logique.

5. **Écriture 2ème brouillon** – Vous lirez maintenant votre matériel, en découpant du contenu étranger et en ajoutant plus de points de soutien ou de détails. Vous allez également modifier la grammaire, la ponctuation et l'orthographe dans ce brouillon. Vérifiez les faits et les sources.

6. **Édition** – Embaucher un éditeur professionnel pour passer en revue le matériel. Il est très difficile d'identifier vos propres erreurs.

7. **Correction définitive** – Jetez un coup d'œil sur les changements faits par l'éditeur professionnel et puis faites les modifications finales. Il s'agit de la dernière finition.

VOTRE NOUVELLE HABITUDE

> *Engagez-vous au processus, travaillez chaque étape jusqu'à la fin avant de vous permettre de passer à l'étape suivante. Tenez-vous au processus et vous ne lutterez plus jamais contre le blocage de l'écrivain.*
> *Pour savoir comment intégrer pleinement cette habitude finale, examinons chaque composante du processus.*

Composante de Processus 1 : Le Plan

Faire le plan vous rend nerveux ? Vous êtes vous-même convaincu d'être un « créatif né », en d'autres termes, une personne qui n'a pas besoin d'utiliser de schéma ?

Moi non plus, je n'aimais pas l'idée d'écrire un plan. Toutefois, après avoir beaucoup expérimenté, je me suis rendu compte que le plan est :

- Moins dur que cela puisse paraître.
- La façon d'écrire rapidement un livre.

Pourquoi un plan est-il la meilleure façon d'éviter le blocage de l'écrivain ? Si vous avez un plan solide, vous n'aurez plus jamais à lutter pour savoir ce qu'il faut écrire. Je vais vous apprendre à écrire rapidement un plan infaillible en quatre étapes :

Étape #1 : Inventez une Accroche

Vous avez besoin de comprendre pourquoi les gens voudront lire votre contenu. Puis, une fois que vous savez qui est votre public et ce qu'ils voudront, vous pourrez tout écrire, juste griffonné sur une fiche ou deux. Affichez ces fiches près de votre moniteur d'ordinateur ou du miroir de la salle de bain. Pensez à votre accroche pour la semaine suivante, laissez les idées se multiplier pendant que vous vous chargez de vos occupations quotidiennes.

Vous pourrez lire votre accroche avant d'aller au lit la nuit, faire des exercices ou effectuer toute autre tâche banale (comme tondre la pelouse, peindre une chambre ou teinter votre terrasse). Votre subconscient va travailler en remuant les idées. Il va puiser dans les profondeurs de votre esprit. Vous remarquerez tout d'un coup des choses qui vous inspirent partout où vous allez — comme quand vous apprenez un nouveau mot de vocabulaire et tout à coup vous entendez d'autres personnes qui l'utilisent ou voyez des choses qui illustrent ce mot.

Étape #2 : Faites du Brainstorming pour une Semaine

Sortez un cahier, ou ouvrez un document Word. Maintenant engagez un vidage du cerveau total — ce qui signifie que vous notez chacune des idées que vous avez pour votre livre.

Pour effectuer une séance de brainstorming efficace, vous voudrez écrire tout ce que vous pouvez penser aussi vite que vous le pouvez. Assurez-vous que vous :

- Ne vous arrêtez pas à la grammaire ou l'orthographe correcte.
- Ne peaufinez pas — mettez juste des puces.

- Ne censurez pas les idées parce qu'elles paraissent stupides ou non pertinentes.
- Ecrivez même des idées incomplètes.
- Prenez des notes du style « rechercher cette idée » pour des concepts non testés.
- Ne vous inquiétez pas à propos de comment vous travaillerez une idée particulière dans le livre, ou si elle va avec le reste.

Vous voulez juste faire éclore autant d'idées que possible.

Si possible, consacrez une semaine à cette étape. Cela vous aidera à penser à des idées supplémentaires que vous n'auriez pas pu considérer dans la session de brainstorming initiale.

Certaines personnes aiment faire une carte heuristique, mais d'autres trouvent que la structure les fait hésiter et perdre de précieuses idées. Vous pouvez essayer les deux et voir ce qui fonctionne le mieux pour vous. Wikipedia a une excellente vue d'ensemble du processus :

MindMap

Lorsque vous manquez d'idées, mettez votre stylo de côté (ou enregistrez votre document Word) et sortez faire une promenade à pied. Si plus d'idées vous viennent à l'esprit, notez-les dans votre carnet à idées et ajoutez-les à la liste lorsque vous êtes assis pour effectuer l'étape #3.

IA : vous pouvez avoir des idées d'accroches et de contenu. Donnez des consignes, des contraintes, ou bien laissez libre court au hasard ☐

Étape #3 : Écrivez Votre Plan

J'aime utiliser des fiches pour écrire mes plans, mais vous pourriez préférer aller directement au plan dans un document Word. Laissez-moi vous expliquer comment j'utilise un système de fiches pour créer des livres qui pratiquement s'écrivent d'eux-mêmes.

Séparez Vos Idées en Chapitres

Prenez un paquet de fiches (lignées d'un côté, vierges de l'autre). En utilisant vos points de brainstorming, divisez vos idées en neuf à douze chapitres. En d'autres termes, choisissez de neuf à douze idées principales de votre liste à puces.

Écrivez ces idées de chapitres sur des fiches (côté vierge). Vous pouvez les écrire comme des titres de chapitres ou des questions. Par exemple, ce chapitre a commencé comme une fiche intitulée *« Comment vais-je utiliser le plan pour éviter le blocage de l'écrivain ?"*

Utilisez Vos idées d'Appui pour des Sous-Chapitres

Maintenant, passez par les idées qui restent et voyez si elles s'insèrent parfaitement dans vos neuf à douze chapitres. Ecrivez chacune de ces idées sur une fiche individuelle et classez-les sous la fiche du titre de chapitre. Si possible, encadrez l'idée comme une question. Dans certains cas, vous pourrez écrire les étapes individuelles comme des sous-chapitres.

Au fur et à mesure que vous passez par ce processus, vous pourriez découvrir que vous devez ajouter un autre titre de chapitre ou combiner deux chapitres en un seul. Vous pourriez aussi finir par éliminer des idées qui ne fonctionneront pas vraiment pour ce livre (mais qui pourraient être parfaites pour un autre livre dans l'avenir.)

Étoffez chaque Sous-Chapitre

Vous finirez avec entre 27 et 60 fiches, dont chacune représente un chapitre ou un sous-chapitre de votre livre.

Prenez chaque fiche qui représente un sous-chapitre et retournez-la du côté ligné. Écrivez les points les plus importants que vous couvrirez dans ce sous-chapitre. Cela devrait faire de trois à cinq phrases pour chaque sous-chapitre.

Lorsque vous aurez fini de faire cela pour chaque section, vous aurez un ebook tout planifié.

Étape #4 : Créez Votre Plan

Maintenant vous pouvez transférer les données de vos fiches dans un document Word. Tandis que vous le faites, vous pourriez vous apercevoir que vous devez déplacer des chapitres ou des sous-chapitres. Vous pourriez aussi trouver de l'inspiration pour ajouter plus de points secondaires, ou même pour diviser un chapitre en deux.

Lorsque vous faites cela, vous devrez :

- Vous débarrasser des idées redondantes ou combiner les bonnes idées pour faire un point fort au lieu de trois points répétitifs et faibles.
- Laisser tomber des points qui n'ajoutent pas vraiment de valeur.
- Mettre en évidence des domaines pour lesquels vous avez besoin de faire de la recherche ou venir avec plus de preuves à l'appui.
- Prendre des notes pour vous-même sur l'ajout d'illustrations, création de métaphores ou étoffer une idée autrement.

Certains auteurs préfèrent garder les fiches au lieu de les écrire comme un document Word. Si vous aimez ce processus, alors trouvez une façon d'organiser vos fiches et conservez-les en un tas de quelques piles ordonnées.

Vous pourriez même utiliser un mur comme une table de montage séquentiel, coller vos fiches sur le mur (avec les points d'appui sous les fiches de titre du chapitre.) Ensuite vous pouvez déplacer les cartes et les remplacer comme bon vous semble. Certains travaillent tout cela avec des post-it.

IA : une fois que vous avez fait ce travail, plusieurs options : soit faire une analyse sur un axe donné, soit proposer un plan différent au risque de tomber dans la confusion totale ☐,ou tout autre idée qui vous viendra à l'esprit.

Tracer l'Intrigue pour l'Écriture de Fiction...

Si vous rédigez une nouvelle, un roman court, un roman ou un scénario, vous pourrez suivre cette même procédure, mais l'organiser selon la ligne de l'intrigue ou les tempos. Vous pouvez créer aussi une liste détaillée des personnages avec les profils de tous les personnages, y compris mais non limité à :

- La Description physique (beaucoup d'écrivains incluent des illustrations ou des photos).
- Des renseignements biographiques importants tels que l'âge, le lieu de

naissance, profession et personnalité.
- La Description du motif.
- La Description du rôle dans l'histoire.
- Des Notes sur les événements importants qui doivent avoir lieu.

Vous pouvez inclure aussi un commentaire d'information important pour la vue d'ensemble, comme des notes sur :

- Époque
- Lieu
- Culture
- Facteurs environnementaux

Celles-ci sont des pages auxquelles vous vous referez souvent. La plupart des écrivains de fiction aiment les afficher sur le mur ou créer un dossier qu'ils peuvent apporter avec eux ailleurs lors de l'écriture. Aussi, de nombreux écrivains de fiction confient au programme logiciel Scrivener pour garder une trace de toutes les notes importantes liées à une histoire particulière :

Scrivener

Que vous soyez un écrivain d'ouvrages de fiction ou de non-fiction, vous trouverez qu'il est facile de surmonter le blocage de l'écrivain en utilisant un schéma avec chaque élément du contenu que vous créez.

Composante du Processus 2 : La Recherche

En écrivant des notes sur vos fiches ou en créant votre document Word, vous découvrirez probablement beaucoup de trous dans votre manuscrit. Vous pourriez avoir besoin de faire référence à des experts ou des sources. Vous devrez aussi chercher des statistiques ou des résultats d'études.

Revenez en arrière dans vos fiches ou plan et incluez les informations manquantes. Recherchez des réponses en ligne, appelez les sources. Vérifiez vos faits (et notez où vous avez trouvé les informations dans le cas où vous aurez besoin de citer des sources plus tard).

Méfiez-vous de dériver lors des recherches. Il s'agit d'une partie du processus qui peut être dangereuse. De nombreux écrivains se sont égarés lors des recherches. C'est un moyen pour beaucoup d'entre nous de remettre à plus tard. N'oubliez pas : Vous vous êtes engagé à tuer la tendance à la procrastination dans votre vie. Vous pouvez le faire en vous tenant à ce qui suit :

- Réglez un minuteur lors de la recherche. Accordez-vous 10 minutes par fait/rubrique à rechercher. Quand le minuteur se déclenche, vérifiez que vous n'êtes pas hors-sujet ou

distrait par quelque chose sans importance.
- Faites que la recherche soit un jeu. Vous devriez avoir une liste précise des choses que vous devez rechercher. Notez l'heure du commencement des recherches sur un sujet et ensuite trouvez les informations dont vous avez besoin. Documentez la réponse, notez l'heure à nouveau et démarrez sur la deuxième question nécessitant une recherche. Faites la course contre vous-même ; le but est de faire la recherche aussi vite que possible dans un court laps de temps.

Lorsque vous aurez rempli tous les trous de votre plan, vous serez prêt à écrire votre brouillon.

IA : le risque de s'égarer est au maximum. Soyez très vigilant sur le périmètre, le temps consacré.... Sinon dans 6 mois vous n'aurez pas avancé.

Composante de Processus 3 : L'Ébauche

Celui-ci est le point sur lequel beaucoup d'écrivains coincent. Pour une raison quelconque, ils construisent cette première ébauche dans leurs têtes comme si c'était quelque chose d'énorme. Ils veulent écrire le manuscrit parfait à partir de zéro. Ils craignent une mauvaise écriture.

Votre défi est d'ignorer le cerveau « éditeur » critique qui tente de vous arrêter et éditer ce que vous écrivez. Au lieu de cela, vous devez vous dire cette vérité importante :

Il n'importe pas de savoir combien votre première ébauche est bonne ou mauvaise.

Ce qui importe, c'est qu'elle soit achevée.

Comment Écrire une Ébauche

Que vous le croyiez ou pas, c'est simple d'écrire une première ébauche (la partie la plus difficile vient plus tard). Vous avez besoin de vous engager pendant une certaine période de temps chaque jour, et quand vous vous asseyez pour écrire, vous développez d'après votre plan, c'est tout.

La clé de l'écriture (et de ne pas coincer avec le blocage de l'écrivain) est de faire ce qui suit :

- Suivre le plan.
- Refuser de remettre en cause ou de modifier le plan.
- Refuser de corriger l'orthographe, la grammaire ou même les termes.
- Écrire des notes vous indiquant tout ce que vous devez faire pour que ce chapitre fonctionne. (Utilisez des "Commentaires" si vous n'aimez pas écrire à l'intérieur du texte)
- Écrire en utilisant une langue peu soignée (si c'est ce qui fonctionne pour vous.)
- Écrire plus de ce que vous pensez être nécessaire (et faire une note pour vous qui dise « A Condenser plus tard »), ou écrire avec des puces si vous ne pouvez étoffer une idée.
- Permettez-vous d'ignorer tout ce qui ne vient pas à vous rapidement. Ce dernier point est important. Ces parties du manuscrit qui vous font un croc-en-jambe sont comme des ralentisseurs mais plus dangereux. Ce sont les racines du blocage de l'écrivain.

Comment Gérer les Ralentisseurs

Pendant que vous écrivez, vous taperez des points où vous ne savez pas ce que vous devriez dire. Au lieu de ramer sur l'écriture de ces points, procédez de la façon suivante :

- Écrivez, "Note personnelle : Écrire cela plus tard !"
- Prenez note d'autres recherches nécessaires. Écrivez « Rechercher ceci » ou posez une question spécifique à chercher.
- Écrivez, « Nettoyer cela plus tard ».
- Écrivez, « Peut-être couper cela ? »

Quoi que vous décidiez, ne cessez pas d'écrire. Ne vous asseyez jamais à vous demander quoi faire ensuite. Faites tout simplement une note personnelle, retournez à votre plan et recommencez à écrire.

Comment Surmonter les Ralentisseurs Récurrents

Si vous découvrez que vous avez un moment difficile avec beaucoup de points, vous devrez peut-être faire une note, disant quelque chose comme :

- « Peut-être combiner ce chapitre avec cet autre chapitre ? » si vous rencontrez des problèmes avec le contenu d'écriture

redondant.
- "Ne fonctionne pas. Peut-être couper ce chapitre ?"
- « Hors-sujet ? »
- "Trop ennuyeux ? Peut-être faut-il le condenser ?"

Puis déplacez-vous le long du plan jusqu'à ce que vous trouviez un sujet à propos duquel vous puissiez écrire.

Si vous ne parvenez toujours pas à écrire, vous devriez peut-être réviser votre plan. Il suffit de prendre le temps de réviser et ensuite commencer à nouveau. Quoi que vous fassiez, n'abandonnez pas le projet.

Comment Faire Taire le Cerveau Éditeur

Lorsque vous écrivez, vous serez tenté de réviser, polir, critiquer ou vous inquiéter que votre écriture soit nulle. C'est normal. Tout écrivain éprouve ces sentiments de temps en temps.

Dans ce cas, vous devrez faire taire ce critique intérieur. Vous pouvez surmonter la critique en vous rappelant :

- "Ceci est juste un brouillon. Il n'est pas censé être bon. »

- "Il s'agit d'un travail en cours. Je suis censé avoir des trous et des pensées incomplètes. » "Je suis la seule personne qui verra cette ébauche. Je n'ai pas besoin de m'inquiéter pour ce que les autres penseront".

Stephen King suggère d'écrire des brouillons avec la porte de votre bureau fermée. Pourquoi ? Il dit que cela l'aide psychologiquement, il sent qu'il peut faire ses erreurs en privé, car il ne se fait pas de souci à penser à quelqu'un d'autre regardant par-dessus son épaule.

Écrivez ce que Vous Aimeriez Lire

Lorsque vous écrivez, imaginez-vous en tant que le lecteur. Qu'aimeriez-vous savoir à propos de ce sujet ? Comment voudriez-vous apprendre à ce sujet ? Quelle histoire voulez-vous dire ? Comment voulez-vous que le lecteur découvre l'histoire ?

Détendez-vous et amusez-vous tandis que vous partagez vos connaissances avec votre auditoire imaginaire. Lorsque vous lisez chaque fiche avec des pistes pour un livre de non-fiction, demandez-vous :

- Comment puis-je montrer cela au lieu de le dire ? (Cherchez des exemples concrets au sujet desquels vous pouvez écrire).
- Existe-t-il un processus étape par étape, que je

devrais partager ici ? (Dans l'affirmative, écrire des instructions, décomposées en étapes faciles à suivre.)
- Puis-je penser à un scénario imaginaire qui puisse illustrer mon point ?
- Ai-je une expérience personnelle sur cette rubrique ? (Dans l'affirmative, partagez-la.)
- Comment puis-je rendre ce point simple et clair ? (Cherchez des moyens de simplifier l'information).

Lorsque vous lisez chaque fiche de notes pour votre œuvre de fiction, demandez-vous :

- Comment cela fait avancer l'intrigue ?
- Comment cette scène se connecte à la précédente et guide vers la suivante ?
- Quel personnage se développe dans cette scène ?
- Comment divertir le lecteur ? Le lecteur sera-t-il heureux ? Intrigué ? Ému aux larmes ? (Cherchez à créer une réaction émotionnelle à chaque segment de l'histoire.)
- Ai-je suivi la structure appropriée du scénario ? Où est le rire ? La romance ? La scène de poursuite ? Suivez la structure du scénario établie pour rester sur la bonne voie.

N'oubliez pas : Ne vous inquiétez pas pour les détails pendant que vous écrivez votre brouillon. Concentrez-vous plutôt à écrire l'histoire ou partager vos connaissances, en vous rappelant que vous polirez votre travail plus tard. Assurez-vous de couvrir tous les points de votre plan et transmettre l'information la plus importante.

Le plus important est que l'ébauche soit écrite. C'est ce qui compte lorsque vous écrivez un premier brouillon.

Composante de Processus 4 : Le Premier Brouillon

Votre deuxième brouillon est celui où vous changez de vitesse du cerveau créatif au cerveau éditeur. C'est une bonne idée de faire une pause pendant un jour ou deux avant de commencer la prochaine version. Passez du temps à faire un brainstorming sur votre prochain projet ou à lire quelque chose dans votre genre avant de vous replonger dans l'écriture.

Une fois que vous êtes prêt à plonger dans votre deuxième brouillon, rappelez-vous que :

- L'écriture sera un peu maladroite ou décousue.
- Vous aurez beaucoup de travail à faire.
- C'est bien d'avoir beaucoup de travail à faire.

Comment Effectuer une Édition Conséquente

Pendant votre deuxième brouillon, vous allez probablement changer beaucoup de choses. Les auteurs ont tendance à varier la façon dont ils aiment effectuer un deuxième brouillon, se divisant en deux camps.

#1. Le Camp Stylo Rouge

Ce sont les écrivains qui aiment imprimer une copie papier du manuscrit et puis le lire d'un seul coup, prétendant qu'ils sont le public, en soulignant les erreurs d'écriture et prenant des notes avec un stylo rouge.

#2. Le Camp d'Édition Immédiate

Ce sont les écrivains qui souhaitent faire une correction complète sans tout lire d'abord. Ce sont les gens qui veulent se salir les mains tout de suite, qui ne supportent pas de voir les erreurs.

Il m'arrive d'être dans le camp d'édition immédiate, mais il n'y a vraiment aucune bonne ou mauvaise façon de le faire. Lisez le brouillon et prenez des notes sur un support papier, si cela fonctionne pour vous ou plongez directement dans l'édition si cela fonctionne pour vous.

Dans les deux cas, vous allez commencer à travailler sur votre deuxième brouillon, au cours duquel vous pourrez :

- Reformuler les phrases maladroites.
- Simplifier des paragraphes trop longs.
- Couper des mots non nécessaires.
- Vérifier les faits.

- Ajouter des liens d'hypertexte.
- Étoffer des endroits vides.
- Insérer des exemples.
- Déplacer des idées.
- Couper tout ce qui ne va pas.
- Vérifier les règles de grammaire.
- Vérifier votre orthographe.

Votre deuxième brouillon pourrait prendre plus de temps à écrire que votre première ébauche. Pourquoi ? Parce que c'est le projet dans lequel vous vous assurez que tous les faits soient corrects. C'est le brouillon qui vous fait appeler cet expert que vous avez interrogé et vous assurer que vous l'avez cité correctement. C'est le projet qui exige une recherche et de se tourmenter pour les mots à utiliser.

La chose importante est ceci : votre contenu est déjà écrit, alors ce n'est pas du tout aussi compliqué que l'écriture de ce premier projet. Ainsi, tandis que le deuxième brouillon est plus laborieux, il ne demande pas la pensée créatrice comme la première ébauche.

IA : l'édition assistée par IA est un atout notable. Restez quand même critique sur les modifications proposées. C'est toujours vous qui êtes aux commandes.

Composante de Processus 5 : Le Deuxième Brouillon

Une fois que vous avez terminé le deuxième brouillon, vous aurez un manuscrit qui est proche de la perfection. Cependant, vous aurez toujours à faire, surtout si vous n'étiez pas si diligent avec la deuxième ébauche. Il est maintenant temps de lire tout votre livre et vous assurer qu'il est vraiment prêt à partir.

Étape 1 : Ajouter tout le Matériel Supplémentaire

C'est ici que vous voudrez ajouter :

- Une page de titre, des crédits, des ressources, la bibliographie.
- Des pages et des liens qui vous aideront à obtenir plus de trafic vers votre site ou faire plus de ventes.
- De la *façade* comme des citations, des images et illustrations

Je crois personnellement qu'il faut ajouter aussi peu que possible. Assurez-vous que chaque lien supplémentaire ou page ajoutés permettra d'améliorer la valeur et l'évolutivité du livre. Posez-vous la question suivante : *cela va-t-il améliorer le livre ?* Si vous ne trouvez pas une réponse satisfaisante à cette question, n'ajoutez pas la page ou le lien en question.

Étape 2 : Lire à Voix Haute

Vous serez étonné de voir combien de mots manqués apparaîtront quand vous lisez un livre à voix haute. Vous serez en mesure de corriger une écriture maladroite et réviser que le dialogue semble naturel quand vous le lisez. Vous identifierez probablement aussi un sujet supplémentaire qui n'ajoute aucune valeur au livre. Coupez des mots supplémentaires et même des paragraphes supplémentaires si nécessaire.

Étape 3 : Trouvez Quelqu'un pour Relire Votre Livre

Vous pourriez penser que cela en fait trop, mais cette étape est nécessaire.

Un lecteur extérieur vous donnera une perspective que vous manqueriez autrement. Vous voudrez choisir quelqu'un qui est :

- Bien-versé dans la langue de votre livre
- Honnête et objectif
- Positif sur votre entreprise (et non pas quelqu'un qui critique juste pour critiquer)
- Représentatif de votre public cible

- Prêt à donner la priorité à votre livre (ainsi vous ne devrez pas attendre des mois pour les commentaires)

Les écrivains de fiction doivent être particulièrement pointilleux sur le choix du lecteur. Si vous avez écrit un roman, vous devrez trouver un romancier qui écrit dans votre genre pour relire votre livre. Si vous avez écrit un scénario, assurez-vous de trouver un scénariste. Votre copain qui écrit des ebooks pour gagner sa vie ne sait pas quoi attendre d'un scénario, et votre meilleur ami qui lit des romans fantastiques ne sait pas comment critiquer la fiction littéraire.

Comment Faire Face À La Rétroaction Négative

Il est important de prendre au sérieux les critiques. N'oubliez pas :

- Vous avez choisi cette personne pour examiner votre livre pour une bonne raison.
- Vous avez besoin de rétroaction honnête.
- Vous voulez que le livre soit le meilleur possible.

Lisez la critique avec un esprit ouvert. Si votre lecteur n'a pas été en mesure de suivre votre logique, vous avez besoin de clarifier les points. Si votre lecteur s'ennuyait, vous avez besoin de condenser le matériel superflu. Si votre lecteur n'a pas trouvé votre livre crédible, vous devez renforcer vos affirmations avec des faits et des études. Si votre lecteur a dit que votre écriture est maladroite, vous devrez peut-être embaucher un nègre pour l'embellir.

Si vous n'êtes pas d'accord avec la rétroaction, trouvez une autre personne pour faire la révision du livre et comparer les réponses. Ensuite corrigez en conséquence.

Composante de Processus 6 :
L'Édition

Maintenant que vous avez fini votre troisième brouillon (et éventuellement un quatrième brouillon, si votre lecteur vous a donné des commentaires qui ont déclenché une révision), vous devriez embaucher un éditeur professionnel.

Votre troisième projet a servi comme la première partie du processus d'édition, mais un éditeur chevronné interceptera toutes vos erreurs et vous aidera avec la mise en page. J'ai un éditeur qui examine tous mes livres. Son travail consiste à agir comme une deuxième paire d'yeux sur le contenu et d'intercepter les erreurs que j'ai laissées.

Vous aurez intérêt à développer une relation avec un éditeur aussi. Vous pouvez en trouver un sur *Odesk* ou *Elance*. Lors du choix d'un éditeur, demandez ce qui suit :

- Le français comme langue maternelle.
- Un échantillon de son travail éditorial.
- Une édition gratuite de trois pages pour mettre en valeur ses compétences et vous faire une idée de quel niveau d'édition il ou elle se recommande.
- Prix sur une relecture, une édition légère et une édition lourde.
- Références de clients précédents.
- Preuve qu'il ou elle a édité votre type de matériel avant (ebooks, romans, nouvelles,

scénarios, etc.).

N'engagez pas un éditeur sans expérience. Assurez-vous que votre éditeur connait votre domaine et le genre.

Vous voudrez également être clair sur le niveau de modification que vous vous attendez à recevoir.

Voici les descriptions des niveaux typiques de l'édition :

Relecture – une vérification rapide de la grammaire, orthographe, ponctuation et mise en forme. Aucune reformulation possible.

Édition légère – une certaine reformulation, uniquement lorsque le texte est maladroit, ainsi que tous les services inclus dans une relecture.

Édition lourde – reformulation dans tout le texte, y compris des suggestions pour faire des changements dans le contenu ou la restructuration du livre, plus tous les services fournis dans une édition légère.

Une fois que vous envoyez votre livre à l'éditeur, vous pouvez vous détendre et commencer à réfléchir sur la façon d'en faire la promotion.

IA : à cette étape du processus, l'IA peut vous éviter un coût important. Si votre travail ne nécessite pas cette ressource extérieure, allez-y. Il faut cependant mettre en balance coût/investissement et résultats attendus.

Composante de Processus 7 : La Version Finale

Lorsque vous recevez votre livre en retour de l'éditeur, vous aurez envie de le lire une dernière fois. Le plus probable est que vous ne trouverez aucune erreur, mais même les éditeurs ratent des problèmes parfois.

Ce que j'aime faire, c'est le prévisualiser sur le moyen que la plupart des lecteurs utiliseront pour accéder à l'ouvrage fini. Donc si c'est un blog, alors je vais le revoir sur le mode lecteur de blog (au lieu de la console d'édition dans WordPress). En revanche, si c'est un livre Kindle, je vais le télécharger sur deux liseuses différentes (mon iPhone et Kindle Fire) pour voir à quoi il ressemble.

Lorsque vous faites une validation définitive, vous devez vérifier les liens hypertexte, chercher des fautes de grammaire et attraper les autres petites erreurs. Ce n'est pas le moment de faire une modification majeure. Si vous commencez à réécrire le texte, vous pourriez perturber la mise en page ou générer plus de problèmes. Au lieu de cela, assurez-vous que votre livre est le meilleur possible. En fin de compte, une validation finale vise à créer une pierre polie que les lecteurs apprécieront.

Écrire comme une Habitude Permanente (ou "Comment Écrire 1 500 Mots TOUS les Jours")

Maintenant que vous avez établi un processus et une séquence d'habitudes, l'écriture n'est plus quelque chose que vous faites de temps en temps. Vous établirez une habitude permanente qui saura vous apporter du bonheur et au moins un peu de revenu.

Vous voulez en fait vous engager à un objectif quotidien que vous compléterez chaque jour.

La clé de cet engagement est de mettre l'accent sur le développement d'habitudes spécifiques et des processus qui transforment l'écriture dans une partie de votre vie quotidienne, comme se brosser les dents ou bien dormir pendant la nuit. L'écriture deviendra une partie de votre quotidien, quelque chose que vous faites toujours.

À l'instar de n'importe quelle autre habitude, l'écriture requiert un sacrifice et de la concentration. Vous devrez maintenir ces habitudes d'écriture, en particulier pour les 30 premiers jours pendant que vous établissez votre nouvelle pratique de l'écriture. Plus vous continuez ces actions spécifiques, plus vous allez installer une routine qui deviendra une seconde nature.

Je trouve utile de me considérer comme un écrivain — pas seulement comme une personne qui aime écrire ou espère publier quelques ebooks. Je me nomme écrivain. Je collectionne le matériel d'écriture. J'investis délibérément du temps à mon habitude d'écrire tous les jours, refusant de laisser la maladie ou les distractions se mettre en travers. Mon habitude d'écriture est une partie essentielle de mon entreprise, mais elle est aussi devenue une partie de qui je suis. *Je suis un écrivain.*

Vous pourrez vous engager à l'état d'esprit et la série d'habitudes suivantes :

- Identifiez-vous (en public et en privé) en tant qu'écrivain.
- Informez les gens importants dans votre vie de votre engagement quotidien à l'écriture, mais ne laissez pas la négativité ou les commentaires vous détourner de cet objectif.
- Programmez votre temps d'écriture dans votre vie quotidienne comme une tâche fixe dans votre calendrier.
- Engagez-vous à des objectifs d'écriture raisonnables et célébrez chaque accomplissement.

Vous n'avez pas à produire des chefs-d'œuvre sur vos premiers essais. Vous allez perfectionner votre performance. Veillez à ne pas perdre votre temps en comparant votre premier livre aux meilleures ventes ou aux géants littéraires. La seule chose que vous pouvez faire est de donner le meilleur de vous pour votre projet et de recevoir des informations utiles des autres sur la façon d'améliorer vos efforts.

Le but ici est de créer une habitude d'écriture permanente qui vous apporte de la joie et un peu de revenu en extra. Si vous avez créé une habitude d'écriture, vous avez fait le premier pas vers l'élaboration d'une routine qui peut vous apporter beaucoup de réussite personnelle et professionnelle.

Ecrire aujourd'hui de la non-fiction et l'IA

L'intégration de l'intelligence artificielle (IA) dans le domaine de l'écriture ouvre un monde de possibilités, tout en soulevant des questions importantes sur les limites et les implications de cette collaboration. L'IA, en tant que partenaire d'écriture, offre des opportunités uniques pour les écrivains, mais il est essentiel de comprendre et de naviguer dans ses limites pour en tirer le meilleur parti.

Comment utiliser au mieux l'IA pour écrire….

#1 Préparez le travail en amont

C'est peut-être le point le plus important à retenir sur ce sujet. Prenez le temps de planifier votre livre comme vous le feriez normalement. Clarifiez qui est votre lecteur idéal, expliquez où il en est aujourd'hui et où il veut être. Déterminez la question centrale à laquelle votre livre doit répondre pour eux, puis tracez le voyage chapitre par chapitre dans lequel vous les emmènerez pour les y amener. Une fois vos chapitres planifiés, passez au niveau suivant, en planifiant vos sous-thèmes pour chaque chapitre et en répondant aux questions importantes :

- De quoi s'agit-il ?
- Pourquoi ce sujet est-il important ?
- Et comment mon lecteur devrait-il agir sur ce sujet ?

En bref, prenez le temps d'élaborer un plan détaillé de votre livre. En passant ce temps, vous vous assurerez que, peu importe qui ou quoi rédige – que ce soit vous, un écrivain fantôme, un assistant de recherche ou un chatbot IA – tout travaille ensemble vers un objectif commun.

2 Utiliser l'IA de manière tactique

ChatGPT pourrait-il écrire tout votre livre pour vous ? Techniquement, c'est possible. Devrait-il l'être ? Absolument pas. Non seulement ce serait une façon « malhonnête » de devenir un auteur, mais votre livre serait beaucoup trop générique pour être utile à la réalisation de vos objectifs commerciaux. Vous avez besoin d'un livre qui reflète votre approche unique pour obtenir des résultats exceptionnels pour vos clients, et non un livre pour le plaisir des livres.

Donc, si vous utilisez l'IA pour vous aider avec votre manuscrit, utilisez-la de manière tactique, délibérée et réfléchie. Utilisez-le pour faciliter votre travail d'auteur... pas pour vous remplacer en tant que leader d'opinion et expert. Sinon, vous risquez d'être remplacé en tant que leader d'opinion et expert, et personne ne veut cela.

3 Utilisez des micro-prompts

Plus vos requêtes de ChatGPT sont spécifiques, plus le contenu qu'il crée sera utile. C'est pourquoi il est important d'élaborer d'abord le plan de votre livre. Parce que ce n'est qu'à ce moment-là que vous aurez réfléchi à la structure de votre livre jusqu'au niveau où vous pourrez écrire des invites qui se traduiront par un contenu utile... et utilisable.

Mais équilibrez cela avec...

4 Fournissez beaucoup de contexte dans vos prompts

L'une des choses merveilleuses à propos de ChatGPT est que vous pouvez lui fournir toutes sortes de contexte dans votre prompt et qu'il utilisera ce contexte lors de la rédaction du contenu. Ainsi, plutôt que de simplement lui demander d'écrire une courte histoire sur quelqu'un qui a amélioré sa santé, vous obtiendrez de bien meilleurs résultats avec un prompt comportant beaucoup plus d'information.

#5 Traitez-le comme un point d'entrée

J'ai dit que #1 était probablement le point le plus important à retenir, mais celui-ci est tout aussi important. Tout contenu généré par ChatGPT ou une IA similaire doit être traité comme un point de départ.

Cela peut vous faire gagner beaucoup de temps, mais je vous encourage fortement à le parcourir et à le modifier vous-même pour :
- Assurez-vous qu'il intègre vos idées uniques
- Donnez-lui votre propre voix unique pour qu'il soit écrit de la façon dont vous le formuleriez

- Assurez-vous qu'il n'y a pas d'erreurs factuelles (rappelez-vous les limitations dont nous avons discuté plus tôt !)

Et, bien sûr, une fois que vous avez terminé votre manuscrit, il doit encore passer par les cycles réguliers d'édition professionnelle.

6 Pensez à citer

Ce dernier point que je vais soulever est, je l'admets, une cible mouvante. Lorsqu'il s'agit de l'éthique de l'utilisation de l'IA dans les activités créatives, la transparence est essentielle. Bien qu'il semble heureusement peu probable que ChatGPT produise du contenu plagié dans votre livre, je pense qu'il est important de faire savoir à vos lecteurs si et comment l'IA a été utilisée pour l'écrire. Cela devient d'autant plus vrai qu'il a été largement utilisé.

Alors, voilà. Comme je l'ai dit au début... la génération de contenu par l'IA n'en est qu'à ses débuts. La technologie ne fera que s'améliorer et les façons de l'utiliser et l'éthique de le faire continueront d'évoluer.

Mais si vous décidez de vous lancer dans ChatGPT...

Souvenez-vous de ceci...

La chose la plus importante à retenir est que *vous* êtes l'auteur. Ne déléguez pas le travail d'auteur à l'IA. Cela ne se traduira pas par un livre qui a le bon niveau de connexion stratégique avec votre entreprise pour le rendre utile et efficace pour atteindre vos objectifs.

    Au lieu de cela, considérez l'IA comme un assistant de recherche qui travaille dur. Donnez des ordres de marche clairs et ciblés pour des domaines spécifiques, puis prenez la responsabilité de les intégrer dans un ensemble cohérent.

Opportunités Offertes par l'IA dans l'Écriture

Génération d'Idées et Inspiration

L'un des plus grands avantages de l'IA est sa capacité à générer des idées et à inspirer les écrivains. Des outils basés sur l'IA peuvent suggérer des thèmes, des intrigues ou même des dialogues, offrant un tremplin pour la créativité. Pour les écrivains confrontés au blocage de l'écrivain ou cherchant à explorer de nouveaux genres, l'IA peut être un outil précieux pour élargir leur horizon créatif.

Amélioration de la Productivité et de l'Efficacité

L'IA peut également jouer un rôle significatif dans l'amélioration de la productivité des écrivains. Des outils comme la correction automatique, la suggestion de mots et la structuration de phrases peuvent aider à accélérer le processus d'écriture. De plus, l'IA peut aider à organiser des idées et à structurer des récits, permettant aux écrivains de se concentrer sur les aspects les plus créatifs de leur travail.

Traduction et Accessibilité Globale

Avec l'avancement des technologies de traduction basées sur l'IA, les écrivains ont la possibilité de rendre leurs œuvres accessibles à un public mondial. L'IA peut traduire des textes avec une précision croissante, ouvrant la voie à une diffusion plus large des œuvres littéraires.

Limites et Défis de l'IA dans l'Écriture

Manque de Créativité Originale

Bien que l'IA puisse générer du contenu, elle ne possède pas la capacité de créer avec la même profondeur émotionnelle et la même originalité qu'un être humain. L'écriture est une expression de l'expérience humaine, imprégnée d'émotions, de nuances et de perspectives uniques que l'IA ne peut pas entièrement reproduire.

Questions Éthiques et de Propriété Intellectuelle

L'utilisation de l'IA dans l'écriture soulève des questions éthiques, notamment en ce qui concerne la propriété intellectuelle. Qui est le véritable auteur d'un texte généré par l'IA ? Comment les droits d'auteur sont-ils attribués ? Ces questions nécessitent une réflexion approfondie et des cadres juridiques adaptés.

Dépendance à la Technologie

Il existe un risque de devenir trop dépendant de l'IA pour l'écriture, ce qui peut entraver le développement des compétences d'écriture et limiter la croissance personnelle. Les écrivains doivent trouver un équilibre entre l'utilisation de l'IA comme outil d'assistance et le maintien de leur propre voix et style.

Tirer le Meilleur Parti de l'IA en Écriture

Complémentarité Plutôt que Substitution

L'approche idéale consiste à utiliser l'IA comme un complément à l'écriture humaine, plutôt que comme un substitut. L'IA peut offrir un soutien dans les aspects techniques et répétitifs de l'écriture, mais la touche créative et personnelle doit venir de l'écrivain.

Développement Continu des Compétences d'Écriture

Les écrivains doivent continuer à développer leurs compétences d'écriture et à cultiver leur voix unique. L'IA ne devrait pas être une béquille, mais plutôt un outil pour améliorer et enrichir le processus d'écriture.

Éthique et Responsabilité

Il est crucial de naviguer de manière éthique dans l'utilisation de l'IA en écriture. Cela implique de respecter les droits d'auteur, de reconnaître le rôle de l'IA dans le processus créatif, et de rester transparent sur l'utilisation de ces outils.

En conclusion, l'IA en tant que partenaire d'écriture offre des possibilités passionnantes pour les écrivains, mais il est essentiel de reconnaître et de respecter ses limites. En utilisant l'IA de manière éthique et complémentaire, les écrivains peuvent enrichir leur processus créatif tout en préservant l'essence de l'expression humaine qui est au cœur de toute grande écriture.

Les outils IA au service de l'écrivain

Faire une liste des outils serait peine perdue car elle s'allonge, se modifie chaque jour. Le plus simple reste d'aller sur internet et de chercher.

On ne peut tout de même pas faire autrement que de parler de ChatGPT. Cette application permet de faire à peu près n'importe quoi, donc aider les écrivains aussi ☐.

Dans l'optique de se servir des outils IA comme complément, je vous suggère de travailler en 2 temps :

- Identifier des idées pour dérouler un sujet.
- Réviser vos écrits avec l'aide de l'IA : orthographe, grammaire, etc...
- Ajouter des graphiques, images, etc... pour enrichir vos écrits.

Pour disposer d'un « assistant » efficace, n'oubliez pas de donner le bon contexte à ChatGPT, des exemples de rédaction pour respecter votre style, etc...

Là où les outils IA peuvent vraiment vous aider sans remplacer votre processus créatif, ce sont tous les aspects marketing : référencement, mots clés, etc...

Pour ceux qui écrivent en mode ghostwriting, c'est un atout de pouvoir s'adapter au public cible. Dans ce cas aussi, l'IA va vous donner un sérieux coup de pouce.

En conclusion

à la question « faut-il s'inquiéter de l'IA pour votre activité d'écrivain ? », je réponds non.
Pourquoi ?
Parce que cela ne sert à rien ☐.
Vous pouvez retourner tout ça comme vous voulez, l'IA est présente dans le paysage de l'écrivain comme tout le reste.
Le mieux pour vous est d'en faire un outil à votre service.

Commencez à Écrire Aujourd'hui !

Vous devrez peut-être lire cet ouvrage comme un processus, plusieurs fois avant que votre habitude d'écriture soit véritablement implantée. Je vous suggère de relire le livre, prendre des notes pratiques pour savoir comment vous allez implémenter chacune de ces habitudes.

Puis utiliser mon Plan Challenge Ecriture (sur mon site philippepicard.fr)_pour établir des objectifs précis, une action après l'autre :

Restez accroché, même si vous doutez de certaines parties du programme au début.

Par exemple, vous pourriez vouloir faire des corrections lorsque vous écrivez votre première ébauche. Mais vous aurez besoin de vous forcer à écrire juste au style flux de conscience. Refusez de vous enliser dans les recherches sur les faits ou l'édition de la grammaire. Plus tard, vous verrez la valeur de ces techniques, surtout quand vous comparerez votre productivité à vos tentatives précédentes d'écrire un livre.

Au fur et à mesure que vous suivez les étapes la première fois, vous aurez envie de vous rappeler ces cinq points clés :

1. Il faut la **répétition** pour que quelque chose devienne une habitude. Il faut continuer si vous voulez établir une habitude d'écriture, même si c'est difficile au début.
2. Votre écriture s'améliore lorsque votre habitude **s'installe** de plus en plus. Le meilleur est encore à venir !
3. Vous établissez une nouvelle habitude qui vous apportera une grande **satisfaction** et de la joie.
4. Vous pouvez **surmonter** le blocage de l'écrivain en mettant en route un processus et en le suivant chaque jour.
5. Vous continuerez à vous améliorer au fil du temps, aussi longtemps que vous vous engagerez à définir un nombre de mots par jour et que vous **apprendrez** de chaque projet réalisé.

L'écriture est une forme de créativité qui permettra d'améliorer votre vie. Persévérez dans ceci et vous multiplierez les récompenses par dix avec le temps passé, et votre habitude d'écriture deviendra une partie de votre quotidien !

A bientôt,

Bon vent et au plaisir de vous lire bientôt, sur Amazon ou la toile.

Philippe

Extrait du livre Habitude : Comment passer votre boite de réception à zéro email ?

6 Croyances Limitantes sur l'E-mail.

Contrôler votre boîte de réception commence *avant* de consulter votre messagerie électronique. Pour finir tous les jours avec une conscience tranquille, vous aurez besoin d'aborder la psychologie sous-jacente derrière votre perception du courriel. Dans cette rubrique, nous allons traiter six croyances limitantes que beaucoup de gens ont sur le courriel.

On les appelle les « croyances limitantes » tout simplement parce qu'elles *limitent* votre capacité à faire de grands travaux. Plutôt que de passer votre temps sur des projets importants, il est souvent plus facile de répondre à ce « ding » d'un nouveau message et le consulter immédiatement — un peu comme un rat pourchassant un morceau de fromage.

Si vous voulez une boîte de réception vide régulièrement, vous devez tout d'abord aborder ces six croyances limitantes. Certaines d'entre elles pourraient ne pas s'appliquer à vous, mais prenez le temps de les regarder et de décider si vous faites ou pas ces erreurs.

Croyance Limitante #1 : Vous Devez Être Toujours Disponible.

Sans aucun doute, la croyance la plus limitante de notre monde moderne est l'idée qu'il faut « *toujours être disponible.* » La technologie rend possible de communiquer avec les autres 24 heures par jour, sept jours par semaine et 365 jours par an. Par conséquent, les gens ont parfois l'impression qu'ils ont besoin de répondre instantanément à chaque e-mail, SMS ou appel téléphonique.

Ce n'est pas vrai.

Oui, être branché à la technologie vous permet de rester connecté au monde, mais cela vous empêche aussi de porter toute votre attention sur un projet ou de passer du temps avec les personnes importantes de votre vie.

Si vous voulez <u>vraiment</u> avoir du succès, alors vous avez besoin de vous concentrer et d'arrêter d'être l'esclave de votre boîte de réception.

Cela veut dire éliminer l'habitude de consulter le courriel toutes les cinq minutes.

Je comprends, bien sûr, que consulter votre courriel pourrait constituer une partie importante de votre travail, c'est donc à vous de décider combien de fois vous allez le consulter. La leçon importante ici est que vous avez besoin de planifier des moments précis chaque jour pour vos messages électroniques.

Dans l'ensemble, mon expérience a été que les personnes plus professionnelles (probablement vous) ont tendance à consulter leur courrier électronique beaucoup plus que nécessaire.

Xobni – l'entreprise qui a créé Outlook – a récemment conduit une étude afin de déterminer comment les gens utilisent le courriel. Presque 75 % des personnes qui ont participé à l'étude ont dit qu'elles consultent leurs e-mails d'affaires à la maison, lors des vacances, avant de se coucher et dès qu'elles se réveillent le matin. C'est fou, non !

Le courriel a envahi tous les aspects de nos vies. Pour la réussite, le bonheur et la santé mentale à long terme, vous devez prendre le contrôle de votre boîte de réception.

Mon conseil ?

Planifiez le temps pour traiter vos e-mails chaque jour. Si vous recevez moins de 20 messages par jour, vous ne devriez pas avoir besoin de consulter votre boîte de réception plus d'une fois. Si vous recevez de 20 à 50 messages par jour, consultez vos e-mails pas plus de trois fois par jour. Si vous recevez un volume élevé de messages, ou si votre succès dépend des réponses au courriel en temps opportun, quatre à cinq fois par jour feront l'affaire.

Je recommande généralement de consulter votre e-mail pas plus de deux fois par jour, une fois en fin de matinée et une fois à la fin de la journée.

Sauf si vous travaillez dans le service à la clientèle, il n'y a vraiment aucun besoin de s'inquiéter d'envoyer des réponses immédiates aux e-mails que vous recevez. La terre ne sortira pas de son axe si quelqu'un doit attendre deux heures pour une réponse à sa question.

Répondre au courrier électronique en fin de matinée vous permet de passer cette première partie de chaque journée à travailler sur vos projets les plus importants. Le faire à la fin de la journée vous permet d'éteindre tous les feux qui se sont allumés au cours de la journée de travail et de conclure la journée comme il faut. Ensuite vous pouvez rentrer à la maison avec la conscience tranquille et ne pas vous sentir coupable d'avoir laissé des messages sans réponse.

Y a-t-il un « bon » moment pour ces sessions de courriel ?
Pas vraiment.
Le moment de traiter vos e-mails dépend de votre emploi du temps précis et de la nature de votre travail. Je recommande la fin de la matinée et de la journée de travail parce qu'elles donnent une « fin » à votre journée.

La clé ici est d'obtenir les meilleurs résultats d'une journée bien remplie entre les sessions. Vous consultez vos messages deux fois par jour de façon à pouvoir passer le reste de votre temps sur les parties importantes de votre métier.

Nous reviendrons à ce sujet plus tard, et je vais vous montrer comment construire des habitudes qui s'opposent à ces « besoins » de consulter constamment votre e-mail.

Croyance Limitante #2 : Se sentir « Coupable ».

Lorsque quelqu'un vient vers vous, il est impoli de ne pas répondre. Ma mère m'a appris, qu'il est toujours poli de répondre aux gens lorsqu'ils démarrent une conversation.

Le revers de cet état d'esprit est qu'il est aussi difficile de démarrer une conversation s'il est évident que quelqu'un est occupé ou au milieu d'une autre conversation.

Quand vous l'analysez :
« Les interactions par E-mail devraient se produire lorsque les deux parties sont prêtes à s'engager pleinement dans la conversation. »

Le problème de la technologie moderne est qu'il est facile d'oublier qu'un e-mail est souvent une interruption dans la journée. Par conséquent, il est facile de penser qu'il est impoli de ne pas répondre aussi rapidement que possible. Cette idée est **100 % fausse**. Un E-mail n'est pas une conversation. L'autre partie ne peut pas savoir si vous êtes occupé, débordé de travail ou « à fond » lorsque le message est envoyé. Si vous avez cette croyance limitante, vous vous sentirez toujours coupable de ne pas répondre à chaque e-mail en quelques minutes.

Beaucoup de gens – peut-être même vous - se sentent coupables de ne pas agir sur des messages spécifiques. Alors, vous ignorez le problème et laissez les messages s'accumuler dans votre boîte de réception. Il devient de plus en plus difficile de ne pas perdre la trace des choses vraiment importantes, ce qui mène à plus de culpabilité et que le problème monte d'un cran.

Votre meilleure option est de tout traiter systématiquement une fois et ensuite développer l'habitude de vider la boîte de réception, ce qui empêchera que les choses deviennent hors de contrôle.

Au fur et à mesure que nous ferons les exercices dans ce livre, vous pourriez éprouver de la culpabilité pour les raisons suivantes :
** Ne pas réviser votre courrier électronique 10 fois par jour comme d'autres personnes
** Donner des réponses brèves et précises à des gens qui écrivent des messages d'une page de longueur
** Répondre seulement à des moments précis pendant la journée
** Utiliser des réponses prédéfinies aux questions génériques
** Supprimer des messages promotionnels inutiles
** Vous désabonner des bulletins électroniques

Encore une fois, nous analyserons les spécificités de chacun des éléments ci-dessus. L'idée à retenir est qu'il s'agit de votre vie. Cela signifie que vous ne devriez jamais laisser quelqu'un d'autre vous faire sentir coupable pour avoir pris la décision de prendre le contrôle de votre boîte de réception.

Croyance Limitante #3 : Les E-mails Courts Sont Impolis

Il est facile de tomber dans le piège de penser que les e-mails courts sont impolis. Cela est particulièrement vrai lorsque vous recevez l'équivalent électronique de « *Guerre et Paix* ».

Honnêtement, je pense que les courriels longs ne respectent pas mon temps. Le simple fait de les lire prend beaucoup de temps et il faudrait encore répondre. Cette situation peut être particulièrement frustrante si je sens que l'expéditeur aurait pu répondre à sa propre question avec une simple recherche sur Google. Au risque de paraître sévère (si je ne le parais pas déjà ☺), beaucoup de gens sont paresseux en ce qui concerne le bouton Envoyer. Ils ne prendront pas le temps de chercher des réponses à leurs propres questions, mais ils attendent que vous arrêtiez de faire tout ce que vous faites pour fournir des réponses détaillées à chaque e-mail.

Afin de développer pleinement l'habitude de vider votre boîte de réception, vous devez éliminer cette notion qu'il est impoli de donner des réponses brèves. Comme vous l'apprendrez plus tard, votre travail consiste à éliminer l'information superflue et étouffer dans l'œuf l'impulsion d'apporter de longues réponses. Cela veut dire que si une question ne nécessite qu'une phrase comme réponse, c'est tout ce que vous avez besoin d'écrire.

Les réponses inutilement verbeuses gaspillent votre temps et celui de votre destinataire. Donnez des réponses complètes, mais avec aussi peu de mots que possible. Faites le point et finissez.

Croyance Limitante #4 : Penser Que Les Autres Sont Plus Importants Que Vos Propres Priorités.

Le courriel a évolué au fil du temps. La plupart de ce que vous recevez n'a pas d'importance immédiatement, cependant, nous ressentons tous l'impulsion d'agir sur le message immédiatement. Pour résumer, votre e-mail en général est *urgent mais pas important*.

Le meilleur exemple de ce point se trouve dans l'idée de Stephen *Covey*, expert en gestion du temps. Une de ses convictions classiques est que vous pouvez séparer tous les travaux en quatre grandes catégories.

La plupart des messages s'inscrivent fermement dans la troisième et quatrième case du tableau de Covey. Alors qu'ils pourraient mériter une réponse, ils doivent être traités quand *vous* avez le temps de répondre, pas l'inverse.

Ne vous méprenez pas ; Selon moi, il est important d'être utile et de traiter les autres avec respect, mais vous ne devriez jamais étiqueter chaque message comme « urgent » et arrêter tout ce que vous faites pour y répondre.

Croyance Limitante #5 : Utiliser Un Message Électronique Comme Une Liste De Tâches

Une grosse erreur que je vois chez beaucoup de gens est de traiter leur boîte de réception de courrier électronique comme une « liste des tâches » ad hoc.

Si vous êtes comme la plupart des gens, vous ne terminerez jamais de faire la totalité des choses sur votre liste. En général, vous pensez constamment à de nouvelles idées et des projets amusants à commencer, alors il n'y a jamais assez de temps pour arriver à tout faire. Ce qui veut dire que si vous traitez votre e-mail comme une liste de tâches, vous ne viderez jamais vraiment votre boîte de réception.

L'assimilation « boîte de réception – liste de tâches » peut avoir un impact négatif sur votre productivité. Chaque fois que vous ouvrez votre boîte de réception, vous verrez ces projets inachevés vous regarder en face. Cela diminue vos capacités mentales, créant du stress et de l'anxiété qui ont des répercussions dans votre travail.

Un exemple intéressant qui illustre cette idée provient d'études sur *l'effet Zeigarnick*. L'idée ici est que **chaque tâche inachevée prend une certaine quantité de votre concentration.** Même si vous ne pensez pas consciemment à une tâche inachevée, une partie de votre cerveau s'inquiète en arrière-plan.

Même si vous n'avez pas besoin de prendre des mesures immédiates sur chaque e-mail, vous devez élaborer un système pour vous assurer de prendre l'action appropriée dans un délai raisonnable. C'est alors seulement que vous traiterez votre boîte de réception comme un dispositif de communication — pas un outil de productivité. (Si vous voulez en savoir plus sur *l'effet Zeigarnick*, consultez *Wikipedia*)

Lorsqu'il s'agit des listes de tâches à faire, il m'arrive d'être low-tech. J'imprime ma liste au début de chaque semaine et j'écris - avec un outil formidable appelé « stylo » – les nouvelles tâches qui apparaissent chaque jour.

En revanche, vous pourriez utiliser un logiciel ou une application pour gérer une liste de tâches. Peu importe *ce* que vous utilisez. Ce qui importe est de maintenir les tâches hors de votre boîte de réception.

Ceci dit, ce livre ne couvre pas de listes de tâches, donc je vais tout

simplement dire que vous pouvez utiliser les éléments suivants pour gérer vos activités quotidiennes :
- ** Evernote
- ** Cahiers
- **Applications iPhone/iPad/tablette
- ** Fiches
- ** Blocs-notes
- ** Feuilles de calcul Microsoft Excel

Plus tard nous parlerons des « 4Ds du traitement électronique. » Pour l'instant, le point important à retenir est de se rappeler que votre boîte de réception n'est pas l'endroit pour les actions. Un e-mail doit être soit pas encore lu soit traité. Point final.

Croyance Limitante #6 : La « Faillite d'E-mail » est la Solution

Quand quelqu'un s'endette profondément, souvent le seul recours consiste à déclarer faillite. La même chose peut être dite du monde digital. Il est très fréquent que les gens laissent leurs e-mails grossir tellement que l'action la plus simple consiste à «

sélectionner tout » et appuyer sur le bouton Supprimer. C'est ce qu'on appelle la faillite d'e-mail ;-) .

Bien que cette banqueroute soit une option, elle n'est généralement pas la plus convenable. Je pense à cela comme à tuer le patient pour guérir la maladie. Supprimer tous les e-mails n'est pas une solution ; C'est tout simplement balayer le problème sous le tapis.

J'avoue qu'il y a une certaine justesse dans l'idée que si quelque chose est vraiment importante, les gens vous enverront un deuxième courriel. Toutefois, il est dangereux de supposer que vous ne manquerez pas un e-mail qui pourrait être important.

Une solution bien meilleure est de développer des habitudes qui refaçonnent votre attitude envers le courriel. Une fois que vous aurez appris les routines qui contrôlent efficacement le courriel, vous *ferez plus en moins de temps* et votre boîte de réception n'arrivera jamais à ce point où vous vous sentez tenté de déclarer faillite.

Alors, quelles sont ces habitudes ?

Dans la section suivante, nous discuterons des sept habitudes à utiliser pour désencombrer votre boîte de réception et l'entretenir.

Pour continuer la lecture de ce livre, allez sur ma page Amazon :

<u>Habitude : Comment Passer Votre Boîte de Réception à Zéro Email ? La Maîtrise</u>

AUTRES TITRES DE L'AUTEUR

Vous pouvez également vous procurer les ebooks et format papier sur Amazon :

03/01/2024

- Networking 2023
- ToDoIst : la Maîtrise
- Gestion du temps pour les écrivains
- Optimiser ma semaine
- Objectifs et Todo Listes Efficaces
- Effet Cumulé : le guide pratique
- Votre Vie 80/20 : comment appliquer le principe de Pareto à tous les domaines de votre vie
- Habitude : Ecrire 1500 mots par jour ? La Maîtrise
- Habitude : Comment passer votre boîte de réception à Zéro Email ? La Maîtrise
- Habitude : La Méthode Durable La Maîtrise
- Comment multiplier par 10 votre efficacité sur Excel ?
- La Bible des Recherches EXCEL
- Tables Excel – Le Guide Complet
- Package Gestion du temps: Organisez-vous, vivez mieux
- La semaine des 4 heures - Résumé
- Take The Stairs – Résumé
- Lean Startup - Résumé
- 12 Weeks A Year - Résumé

- Workbook – Multipliez vos ventes par 10
- Workbook – 12 Weeks A Year
- Workbook – Start with WHY
- Workbook – Réfléchissez et devenez riche
- Workbook – Votre Vie 80/20
- Comment trouver des idées profitables pour des ebooks sur Amazon ?
- 17 jours pour un ebook en ligne sur Amazon
- 33 Stratégies pour Bien Vendre Sur Amazon Kindle
- 3 jours pour transformer vos contenus en livre
- Gestion du Temps pour Femme Active
- Sagesse Toltèque en Action
- Toltec Wisdom in Action (English Edition)
- 11 Conseils Pour Une Vie Saine Après 50 Ans
- Journal FOCUS
- ...

Il y en a beaucoup d'autres et pour être sûr de ne pas en manquer un ☺ ,
Allez sur ma page Auteur sur AMAZON.FR

Bonnes lectures...
Un commentaire est toujours le bienvenu, et m'aidera à continuer dans cette voie.

Merci encore de votre confiance,
Philippe.

CADEAU

###################################

Vous pouvez le télécharger ici

MERCI

Avant de nous quitter, j'aimerai vous remercier pour l'achat de ce livre.

Je sais que vous auriez pu prendre un tas d'autres livres sur Amazon, mais vous avez tenté votre chance avec le mien.

Aussi, vraiment un **très grand merci** pour avoir téléchargé cet ebook et l'avoir lu jusqu'au bout.

Maintenant, j'aimerai vous demander une "petite" faveur. Pourriez-vous, s'il vous plait, prendre une minute ou deux et :

- Allez sur Amazon, laissez-moi un bon commentaire (bon = 5 étoiles), cela aide à me référencer et m'encourage beaucoup dans mon travail d'écriture.
- Cherchez avec mon nom d'auteur et vous trouverez d'autres livres,

Vous pouvez également en parler autour de vous, sur les réseaux sociaux, et donner le lien pour acheter ce livre.

Un témoignage par mail me ferait un grand, grand plaisir : Contact@philippepicard.fr

@u plaisir de vous lire,

Philippe.

www.ingramcontent.com/pod-product-compliance
Lightning Source LLC
Chambersburg PA
CBHW020910180526
45163CB00007B/2699